高校财务管理及数字化技术创新研究

金海峰 著

 中国纺织出版社有限公司

内　容　提　要

本书共分为七章。其中，第一章对高校财务管理基础理论及创新进行研究，分析当前高校财务管理的问题及解决方法，指出要对高校财务管理模式和系统进行创新，并提出加强高校财务管理的对策；第二章论述高校财务管理的具体内容，包括高校财务预算管理、资产管理与成本管理等；第三章分析高校财务的内部控制，包括内部控制的内涵及方法、过程以及优化策略等；第四章对高校财务的风险构成及相应的防范措施，以及风险预警指标体系的建构进行研究；第五章探讨"互联网+"背景下高校财务管理的挑战及应对方式，并提出了财务优化的方法，指出在"互联网+"背景下，要实现高校财务的信息化管理；第六章从高校财务绩效管理入手，分析基于云计算的高校财务绩效动态评价模式；第七章分析大数据技术在高校财务管理中的实践应用。

图书在版编目（CIP）数据

高校财务管理及数字化技术创新研究 / 金海峰著. —— 北京：中国纺织出版社有限公司，2024.3
ISBN 978-7-5229-1502-9

Ⅰ.①高… Ⅱ.①金… Ⅲ.①高等学校—财务管理—研究—中国　Ⅳ.①G647.5

中国国家版本馆 CIP 数据核字（2024）第 055638 号

责任编辑：史　岩　　责任校对：高　涵　　责任印制：储志伟

中国纺织出版社有限公司出版发行
地址：北京市朝阳区百子湾东里A407号楼　邮政编码：100124
销售电话：010—67004422　传真：010—87155801
http://www.c-textilep.com
中国纺织出版社天猫旗舰店
官方微博 http://weibo.com/2119887771
北京虎彩文化传播有限公司印刷　各地新华书店经销
2024年3月第1版第1次印刷
开本：710×1000　1/16　印张：12
字数：210千字　定价：99.90元

凡购本书，如有缺页、倒页、脱页，由本社图书营销中心调换

/ 前言 /

高等教育是我国教育体系的重要环节，肩负着为社会输送高素质复合型人才的重任。除此以外，高等院校中聚集着国家顶尖的科研人才，在完成教学任务的同时，也承担着为国家科学技术探索新的边界的职责。这些造福社会的活动都需要资金的支持。高校财务管理工作是高校推进教育事业发展的有机组成部分。随着高等教育迅猛发展，高等教育经费持续增长，高校财务部门管理的资金量越来越庞大。各级层面对高校财务管理工作提出了新的要求，由关注预算执行进度提升到预算绩效层面，由关注资金使用数量提升到资金使用质量层面，因此，高校财务管理工作任重而道远。

随着数字化时代的到来，全面加强数字化转型成为高校财务管理优化的重要途径，高校财务管理工作应不断创新发展模式、优化管理流程、加快数字化转型的步伐，以此为高校教育事业的健康发展贡献力量。将数字技术融入高校财务管理，建立数字校园，对高校财务管理有着深远影响。一切从实际出发，使用数字化技术进行高校财务管理，不仅可以促进高校财务管理体制的改革，还可以提高财务业务流程的合理性以及规划规整财务工作。加快高校资金的周转回笼速度，努力提高财务工作质量，把高校财务决策失误降到最低，努力提高财务工作者的办事效率，提高资金使用效率，使资金预算更合理，进而提高高校的办学质量以及加快发展建设速度。将数字化技术应用到高校财务管理建设中，不仅可以实现对高校财务管理理念的创新，更是对新时代高校财务管理手段的变革。

本书共分为七章。其中，第一章对高校财务管理基础理论及创新进行研究，分析当前高校财务管理的问题及解决方法，指出要对高校财务管理模式和系统进行创新，并提出加强高校财务管理的对策；第二章论述高校财务管理的具体内容，包括高校财务预算管理、资产管理与成本管理等；第三章分析高校财务的内部控制，包括内部控制的内涵及方法、过程以及优化策略等；第四章对高校财务的风险构成及相应的防范措施，以及风险预警指标体系的建构进行研究；第五章探讨"互联网+"背景下高校财务管理的挑战及应对方式，并提出了财务优化的方法，指出在"互联网+"背景下，要实现高校财务的信息化管理；第六章从高校财务绩效管理入手，分析基于云计算的高校财务绩效动态评价模式；第七章分析大数据技术在高校财务管理中的实践应用。

  本书在写作过程中参考了众多专家学者的研究成果，在此表示诚挚的感谢！由于水平和时间精力有限，本书内容难免存在不足和疏漏之处，恳请广大读者批评指正，以便后期修改完善。

金海峰

2024 年 1 月

/ 目 录 /

第一章　高校财务管理基础理论及创新研究　　　　　　　　　／1
　　第一节　高校财务管理基础认知　　　　　　　　　　　　／1
　　第二节　高校财务管理的问题及解决方法　　　　　　　　／11
　　第三节　高校财务管理模式和系统创新　　　　　　　　　／16
　　第四节　加强高校财务管理的对策分析　　　　　　　　　／24

第二章　高校财务管理内容解读　　　　　　　　　　　　　　／31
　　第一节　高校财务预算管理　　　　　　　　　　　　　　／31
　　第二节　高校财务资产管理　　　　　　　　　　　　　　／44
　　第三节　高校财务成本管理　　　　　　　　　　　　　　／51

第三章　高校财务内部控制研究　　　　　　　　　　　　　　／59
　　第一节　高校财务内部控制的内涵及方法　　　　　　　　／59
　　第二节　高校财务内部控制过程解析　　　　　　　　　　／64
　　第三节　高校财务内部控制的优化对策　　　　　　　　　／69

第四章　高校财务管理风险及预警体系建构　　　　　　　　　／77
　　第一节　高校财务风险相关概念界定　　　　　　　　　　／77
　　第二节　高校财务风险构成及防范措施　　　　　　　　　／79
　　第三节　高校财务风险预警指标体系构建　　　　　　　　／85

第五章　"互联网+"背景下高校财务管理的优化　　　　　　／103
　　第一节　"互联网+"背景下高校财务管理的挑战及应对　／103

第二节 "互联网+"背景下高校财务管理的优化 / 108
第三节 "互联网+"背景下高校财务的信息化管理 / 111

第六章 云计算技术与高校财务绩效管理研究 / 119

第一节 高校财务绩效管理及绩效评价概述 / 119
第二节 高校财务绩效评价体系构建 / 123
第三节 高校财务绩效管理控制与制度创新 / 129
第四节 基于云计算的高校财务绩效动态评价模式 / 152

第七章 大数据技术与高校财务管理研究 / 159

第一节 大数据的内涵及发展 / 159
第二节 大数据的可视化 / 164
第三节 大数据时代高校提升财务管理能力的方法 / 170
第四节 大数据时代高校财务治理新动能 / 173

参考文献 / 183

第一章 高校财务管理基础理论及创新研究

高校财务管理,就是高校要学会在改革、稳定和发展的大环境中有尊严地生存;合力构建良好的经济秩序和财务管理平台;善于在各项事业、各类群体与财务的矛盾中自由地周旋;运筹帷幄,全力提供学校正常运行的资金保障;严密防范内在、外在、潜在的各种资金风险;竭诚为教学、科研、行政、后勤、学生等提供各项财务服务。

第一节 高校财务管理基础认知

一、高校财务管理内涵解析

高校财务工作在高校管理中占有举足轻重的地位,关系到学校各项工作能否顺利开展。在社会主义市场经济背景下,高校独立法人地位的确立,使高校的管理制度发生了巨大变革,一改以往由政府统一管理,由政府统一提供经费的状况,逐渐转变为一种由政府宏观管理,学校面向社会、自主办学的新型教育制度。高校财务工作呈现出融资渠道多元化、经济活动日益复杂化等新特征。高校内部除了以教学和科研为中心的经济活动外,还存在独立核算的企业和商业的经济成分。高校无论走内涵式发展之路,还是走外延之路,都要面对人才的竞争、设备的竞争、待遇竞争的压力,经费矛盾日益突出。由于外部环境和内部情况的变化,高校根据国家的政策法规,结合自身的实际,创造性地开展高校财务制度建设,创建出系统、规范、适用、高效、创新的财务管理体制和机制,以绩效为导向,围绕绩效最大化的目标进行财务管理,为学校整体发展提供良好的资金保障和财务服务。

随着社会主义市场经济体制的建立和发展，我国教育体制的改革不断深入。由此出现了经济活动多样化和复杂化现象，客观现实要求高校必须加强财务管理，建立健全切实可行的各项财务管理制度，使财务管理工作发挥其应有的职能作用，将教育体制改革逐步推向深入。

二、高校财务管理的目标及影响因素

高校进行财务管理应有明确的目标和规划，其目标以高校发展为根本遵循，紧紧围绕高校发展总目标开展工作。高校财务管理目标需要根据高校的发展总目标进行调整，根据高校的公益性、教育性、服务于国家的特定内涵。

（一）高校财务管理的目标

1. 基本目标——确保高校各项经济业务良性运行

高校财务管理部门作为高校的二级职能部门，实现高校各项经济业务良性运行、风险可控是其基本职能。建立严格规范的财务管控系统并有效落实是高校各项经济业务良性运行的基本保障。建立完善的管理制度和实施有效的控制手段是做好高校财务管理工作的基本前提。只有建立运行有效的财务管理制度，加之持之以恒地大力推进、有效落实，才能助推高校教育事业蓬勃发展。反之，将会制约高校良性运转，因此，建立行之有效的财务管理制度对高校来说至关重要。

2. 发展目标——助力高校治理现代化建设

新时代，高校财务工作肩负新的使命。党的十八届三中全会上，习近平总书记明确指出，要实现国家治理体系、治理能力现代化，这是全面深化改革的总目标。《国家中长期教育改革和发展规划纲要（2010—2020年）》提出，要健全中国特色的现代高校制度，健全高校的法人治理结构，这是我国高等教育发展的新要求，也是我国高等教育的未来发展方向。高校治理必须顺应国家治理的发展趋势，着眼于推动我国高校治理体系和能力现代化。高校管理的主体是高校的管理组织，其中，以校长为核心的行政权力起领导作用。高校财务管理部门是高校二级职能部门，在推进高校治理体系和治理能力现代化过程中，必须承担起自己的职责。

（二）高校财务管理目标实现的影响因素

时代在进步，社会在发展，新时代高校财务管理工作已经发生了翻天覆地的变化，高校财务管理工作正向资金运营安全化、管理模式多元化等方向迈进。因此，高校财务部门开展实际工作过程中，要不断强化高校财务管理质量与方式，从关注资金使用进度向关注资金效益转变。通过深化机制、体制改革，强化财务管理专业人员队伍建设，完善财务分析、评价、考核等途径推动高校财务管理目标实现，从而推进高校教育事业良性运行。作为高校经济业务和管理活动开展的基础与支撑，高校财务管理工作必须制订周密的财务工作计划，并随着社会经济建设的需要、高校教学与管理工作实际情况进行调整。

1. 适应社会效益变化

现阶段，中国高等教育运行机制正由关注传统社会效益向服务于经济社会建设转型，传统的教育、教学机制和财务管理理念正逐渐被颠覆，更为有效的财务管理模式应运而生，从实际应用的视角实现单纯的教学服务，向教学效率的多角度提升转型，为后续的管理领域的拓展奠定基础。

2. 适应融资渠道变化

过去，政府财政资金投入是维持高校正常运转的主要资金来源。现阶段，原有的单一筹资体制已不能适应新形势的发展，筹资渠道的多样性正成为高校发展的必然选择。高校在选择筹资渠道和进行多渠道筹资过程中，必须充分考虑主客观情况，从学校实际出发，做到既积极又稳妥，避免债台高筑，引发债务危机。在筹资方案的取舍方面，要客观衡量不同渠道筹资的风险，避免盲目筹资，要充分比较不同渠道筹资成本，确定最佳资金结构，力争实现资金成本最小化，要建立有效的筹资组织，要在"开源"的同时抓好"节流"，最大限度地提高资金使用效率。高校财务管理部门应及时转变管理理念，充分结合学校实际情况，对筹资方式、筹资组合充分论证，制订科学有效的筹资方案。偿债计划的制订要考虑学校的实际偿债能力和偿债成本，确保获取所需资金的同时，做到风险可控。高校财务管理部门在做好日常财务管理工作的同时，加强各部门协调联动，最大限度地盘活学校各项资源，提升学校融资筹资的吸引力，为学校能够获取更多更优质的资源奠定基础。

3. 适应融资环境变化

高校原有的融资方式比较单一，以政府担保的信用贷款为主，也有一部分学校在学生宿舍、教学楼、实验室等非经营性基础设施建设项目上采用BT模式。随着《中华人民共和国预算法》《国务院关于加强地方政府性债务管理的意见》（国发〔2014〕43号）、《2015年地方政府专项债券预算管理办法》（财预〔2015〕32号）、《关于试点发展项目收益与融资自求平衡的地方政府专项债券品种的通知》（财预〔2017〕89号）、《关于做好2018年地方政府债券发行工作的意见》（财预〔2018〕61号）等一系列文件的出台，不断强化地方政府债务管理。"修明渠，堵暗道"是当前政府债务管理的政策导向。各高校直接通过银行贷款获取基础建设融资的方式已成为过去。发行地方政府专项债券将成为目前乃至将来很长一段时间内高校获取基础建设资金的最合规、最有效的融资方式。因此，高校财务管理部门应加强政府债券政策的学习、领会，弄懂、弄通债券发行的内涵和政策背景，熟练掌握债券发行的条件和步骤。根据学校实际需要，充分考虑偿债能力，申请发行做好翔实的偿债计划并确保落实到位。对近年来高校发展过程中遇到的资金"瓶颈"以及政策变化，高校财务管理部门应及时转变工作思路，积极运用政策红利，在筹措所需资金的同时，强化资源整合，内培外引，真正实现良性运行。

4. 强调教育成本的转变

为有效提高资金效益，高校财务管理部门在开展常规工作的同时，要不断引入成本理念，特别是2019年政府会计制度实施和《事业单位成本核算基本指引》（财会〔2019〕25号）颁布，为高校教育成本核算、分析、评价提供了制度和政策支撑。高校财务管理部门应加强政府会计制度、事业单位成本核算基本指引的学习，不断强化成本理念，明确成本内涵，将有效成本控制、成本效益提升作为主要管理目标，不断探索提升整体办学效率的方法，充分发挥人、财、物整合的杠杆作用，着力推进高校教学水平、教学质量的提高。

5. 重视绩效分配的转变

当前，高校财务管理分配理念已从原来吃大锅饭向预算绩效管理转变。这种理念的转变是中国高校财务管理发展的重要成果，也是助力整个国民经济社会效益稳步提升，贡献巨大力量的有力见证。因此，高校财务管理部门要进一步强化对高校绩效分配考核、考评体系的深入研究，为高校营造和谐生态氛围做出贡献。

三、高校财务管理应遵循的原则

（一）管理活动的合法性

高校开展经济活动和财务工作必须遵守相关的法律法规，以针对高等学校颁布的《高等学校财务制度》等规章制度为准绳。高校作为培养高、精、尖人才的摇篮，要求高校必须注意自身的权利与利益，维护自身的名誉与公众形象。

（二）资金筹集的多面性

现在，高校可以争取的财政拨款是有限的，不能覆盖高校的日常支出，因此，为了教育改革的顺利进行和教育事业的持续发展，高校需要开拓筹资渠道，多方面筹集资金。

（三）制度运行的效益性

所有的制度都需要进行绩效评价，高校财务绩效评价制度也不例外。高校管理制度作为一种规则，其最基本的功能是规范和约束高校活动，制度运行的效益性原则是指在高校财务绩效管理中要把办学效益的提升作为标准，保障高校各项活动的正常运转。

（四）资源配置的科学性

对于高校组织内部来说，通过科学的战略管理、合理的规划方案来进行教育资源配置，优化的关键在于把握好高校内部资源使用的战略要点，重整资源的分配模式，并采用相应的方案、措施和方法，使资源由低效益的系统流向高效益的系统，进而提高教育资源的使用效率。

（五）资金运用的合理性

高校的财务管理要根据自身的实际情况与优势，量力而行，科学合理地利用资金，把钱花在最该花的地方。高校的财务管理工作还应该立足长远，坚持可持续发展原则，切忌寅吃卯粮，提前消费，一切经济活动与业务开展应围绕实现高校目标、促进高校发展这个目标。奠定坚实的基础，并应保障日常性支出，以保证各项工作的正常运转。对于教学、科研以及其他管理工作，必须考虑培养人才与自身经费支出是否相配比，即充分考虑社会效益与经济效益的关系。

（六）管理机制的激励性

高校绩效管理制度应该顺应时代的强劲呼唤，激发高校活力的核心就在于制定一系列的激励机制，创造一个制度创新的新环境，调动高校内部各系统的积极性与创造性，形成一个整体，将所有力量拧成一股绳，共同完成高校的使命，促进高校全面协调和可持续发展。只有充分发挥系统各部分的潜力，才能构建起发展战略与微观设计，才能实现高校的又好又快发展，才能完成高校的"人才培养、科学研究、服务社会"任务。

（七）组织统筹的协调性

高校是一个庞大的组织机构，有层次分明的"科层制"，某一学科、某一学院、某一部门都是这个有机整体不可缺少的组成部分，高校财务绩效管理的作用就在于合理配置各组成部分之间的资源，调适组织结构而实现整体和谐运转。在统筹协调的基础上，要进一步统筹教育规模、质量、结构和效益的协调发展，统筹人文、社科、理、工、医各学科门类的协调发展，统筹精英教育与大众化教育的协调发展，统筹教学、科研、社会服务之间的协调发展。还要发挥自身学科综合、互补优势，通过整合各种资源，积极推动人文社会科学和自然科学、工程技术的相互渗透，大力推进学科交叉、融合和集成，努力在构建跨学科、跨领域的大平台方面狠下功夫，以进一步凸显传统竞争优势，推动新的竞争优势的形成。高校的快速发展离不开高校综合实力和核心竞争力的提升，必须对高校各方面的发展进行统筹协调、整合优化，对高校各项工作进行通盘策划。

四、高校财务管理的作用

随着我国高等教育的迅速发展，高校财务工作显得越来越重要，同时也出现了很多新问题。如何通过合法途径、多渠道地筹措学校经费，提高经费的使用效率，强化经费的运营与管理，才能减轻经费短缺给学校的生存与发展带来的冲击，这是确保高校各项事业可持续发展的关键。

（一）拓展筹资渠道，加强筹资管理

办学资金是学校的"血液"，是保障学校生存和发展的重要条件。资金为高校的发展提供动力，而高校的发展又促进了资金筹措。高校改变了过去由政府统一管理，并且由政府统一提供教学经费的被动局面，如今已经建立起更加科学合理的教育体制，基本形成了"政府宏观管理、学校面向社会自主办学"的全新局面。高校不再像过去那般待在象牙塔中，而是必须面对复杂化、多样化的经济环境，因此，财务活动呈现出筹资渠道多元化的新特点。高校不再像过去那样"等、靠、要"，而需要自收自支，维持财务平衡，经济活动除围绕教学、科研工作开展外，还有商业的独立核算经济成分。无论是实施内涵式发展战略还是外延式发展战略，人才竞争、设备竞争、待遇竞争这三座大山都压在每所高校的身上，经费矛盾更加突出。由于外部环境和内部情况的变化，在财务管理上，明显提出了比原来高得多的要求，这就需要高校根据国家的政策法规，结合自身的实际，创造性地开展高校财务制度建设，建立健全系统、规范、适用、高效、创新的财务管理机制、体制，在新形势下，绩效考评被提到重要位置，绩效最大化是高校财务管理的终极目标，为学校整体的发展提供良好的资金保障和财务服务。

（二）加强高校资金使用与管理，提高资金使用效率

教育体制改革促使各大高校扩大招生数量和范围，越来越多的学生可以走进高校，接受高等教育；高校自身规模和业务也得到大幅扩大与发展。逐年扩大的办学规模，不断集中、壮大的学校财力，要求高校在财务管理和资金使用方面下功夫。高校内部管理事项中最重要的组成部分就是关于资金的财务管理，财务管理关系着整个高校各项事业的运营与发展。财务管理做得好，高校事务运行井然有序，沿着正确的道路、向着既定的目标前进；反之，财务管理一团糟，结果只会既有损高校的名誉与口碑，也无法实现为国家培养创新才的目标。

（三）加强高校资金的运作，合理调整支出

从理论上讲，我国高校投入的有限资源应当优先用于教学与科研，但现实却并非如此，我国高校的经费结构不容乐观。首先，高校的行政、后勤运行费用居高不下，给高校的可持续发展带来了沉重的"包袱"。其次，我国高校经费构成中出现了重物轻人、重官轻学等失衡状况。因此，应坚持以改革、发展为目的，区分优先次序、统筹安排、综合平衡，确保重点支出。在高校财务管理中，应加大对财务支出的控制力度，使财务支出结构更加合理。

（四）发挥财务管理职能，提高资金使用效率

目前，我国高校普遍存在经费短缺、资源浪费严重的"怪现象"。这与高校的性质、管理制度有关。所以，如何有效地防范和化解高校财务风险，还需要进

一步完善和加强学校的财务管理制度，加强对财务支出的管理，提高资金的使用效率。

五、高校财务工作应注意的问题

（一）避免以个人喜好评价财务工作

无规矩不成方圆，财务工作必须有规矩，这个规矩是对财务工作的服务对象、财务人员，以及财务工作流程全方位、全环节、全流程的约束。财务规矩，一是指财务法律法规及条例或实施细则，二是指依据上位法自行制定的财务制度，三是指财务工作积淀形成且获得一致认可的内控习惯。财务工作效率取决于财务工作的服务对象对财务规矩的认知程度，财务工作得到服务对象的认可取决于财务人员对财务规矩的认知程度，财务工作中服务与被服务关系的和谐取决于服务对象对财务规矩的认知程度。在财务工作中，服务对象多一些对财务规矩的认知，就会消除一些对财务工作的误解。就高校的财务工作而言，由于一些人对财务规矩认知水平较低，所以，就存在部分依个人偏好或个人目的抛开客观评价标准而对财务工作做出不公正评判的现象，这就是典型的对财务工作的误解。财务工作的服务对象要深化对财务规矩的认知与理解，不能因个人缺乏认知导致误解。认知是理解的基础，对某一事物没有认知就不可能去理解，认知的水平与程度决定了理解的程度，没有认知的理解犹如空中楼阁，是水中月、镜中花。可以说，认知决定了理解，认知可以使理解进一步加深。现实的问题在于，与其要求服务对象理解财务工作，不如帮助其认知财务规矩。个人理解财务工作，是一种外在的对财务工作的认知，自然会得出财务工作要为"我"所用的结论，财务工作要求按规矩办理，其就会认为是在难为"我"。同时，这也给服务对象一种财务工作存在"不足""效率不高"或"服务不到位"的错觉。而对财务工作的认知是一种内涵式的认知，服务对象要明白财务规律、财务规矩、财务纪律，要自觉有底线意识、规矩意识及红线意识。如果服务对象具备了较高的财务规矩认知水平与能力，自然而然就会客观理解财务工作，并使这种理解最终内化于心，外化于行，进而减少对财务工作的误解。可见，普及财务规矩方面的常识，使服务对象加深对财务规矩的理解比要求服务对象加深对财务工作的理解更重要。

（二）避免财务服务对象的片面性

财务规矩普遍性和一般性与财务服务对象特殊性的要求存在偏差，导致财务服务对象的片面性。❶

财务规矩的普遍性是指规矩的适用普遍性，是放之四海而皆准的规矩，不允许存在凌驾于财务规矩之上或是摆脱财务规矩约束的独立范围或独立业务。财务规矩的一般性则是对财务工作复杂有序的具体行为的抽象化，是以统一的标准服务于财务的服务对象的，约束服务对象按规矩行事，忽略服务对象个人的特殊要求。同时，财务规矩具有权威性和强制性，违反财务规矩自然要受到相应的纪律处分甚至承担法律责任。但在现实财务工作中，一些财务服务对象对财务规矩的普遍性与一般性缺乏认知和了解，往往从自身的特殊需要出发，要求财务工作满足其特殊性和个性化要求，甚至认为财务制度设计应该考虑其特殊性，这就背离了财务规矩的普遍性与一般性的内在要求，从而使其对财务工作产生误解，滋生不满情绪。

（三）避免财务服务对象的认知偏差

财务规矩的内在要求与财务服务对象的认知程度不对等，致使财务服务对象出现认知偏差。

财务工作依规依据，财务规矩是财务工作的底线。财务规矩主要有财务法律法规、条例及实施细则，包括国家、省区市及各单位制定的财务规矩，还包括单位多年财务工作积淀形成且获得一致认可的内控习惯。高校财务规矩系统化、系列化，财务规矩公布的载体既有网媒，也有纸媒，还有视频。其主要载体表现在：一是在学校OA系统、财务部门网站均有明示；二是学校专门印制了包括一系列财务规矩在内的规章制度汇编；三是财务部门专门制作有关财务报销流程的视频资料；四是通过在线工具实时传达财务方面新规定、新要求。可谓渠道多样、手段多样、形式多样。但现实是，规矩就在那里，一些财务服务对象对现有财务规矩偏偏视而不见，或者一知半解。如果财务服务对象对财务相关规矩缺乏了解，对借款、报销等具体流程，特别是票面的合规性及相应单据整理的规范性

---

❶ 栾泽沛，刘芳菲，于瑞杰.高校财务管理与会计理论应用[M].北京：中国商务出版社，2022.

等不完全知悉，就会出现财务工作人员按财务规矩办理业务内在要求与服务对象对规矩认知程度的不对称，致使服务对象对财务工作人员的工作产生认知偏差，片面认为财务工作人员按规矩办理业务是在为难自己，片面地对财务工作人员及对整个财务部门不满意。对财务规矩的认知度低，不仅造成服务对象对财务工作的误解，实质上还增加了财务工作人员的劳动成本和时间成本，进一步降低了财务工作效率。财务部门职能的客观性与财务服务对象对财务部门职能的认知偏差，会导致财务服务对象对财务工作的误解。

对于学校而言，其财务职能主要包括会计核算、预决算编制与执行、财务管理、财务监控等。从全局来看，财务工作是学校运行状况和调控的反映，是学校资金运行绩效的反映。学校的事业发展及其决策执行均需要财务工作的保障与支撑，财务工作的运行状态为学校进一步的事业发展提供决策参考依据。从各环节来看，财务工作是资金核算体系，涉及资金核算、资产价值核算、工资核算、成本费用核算、收入支出核算、债权债务核算等。财务规矩来源于不同的职能部门，而财务服务对象都认为这是财务部门的事，从而产生了认知上的偏差。例如，工资福利或是税收筹划是人力资源部门开展的工作，科研经费的管理制度是由科研部门制定的，教学经费的使用规定基本上是由教务部门制定的，学科建设经费的使用方向与范围是由研究生或学科规划处制定的，还有一些福利制度是由工会制定的。财务部门在上述各部门的制度下行使资金的分配权。但是，这些分散在各相关职能部门的权力与资金挂钩后，一些人一提到"资金"就认为是财务部门的事，其实财务部门只是执行相关职能部门制定的制度而已。比如，有人咨询工资情况，为什么这个月工资中有某几项、为什么某项工资未发、为什么工资迟发等问题，应直接咨询人力资源部门。如果财务服务对象对财务工作的认知停留在表面，即"资金"等于"财务"，就忽视了财务工作所涉及的其他方面，如与人力资源部门的关系等。由此可见财务管理工作的必要性。

第二节 高校财务管理的问题及解决方法

一、高校财务管理工作中的现存问题

高校财务管理工作涉及的内容很多，范围较广，具体而言，主要存在三方面问题。

（一）财务预算管理问题

在高校财务预算管理中，首先要对传统中高校实行的增量预算法，也就是"基数＋预期增减数"法有所了解，这样可以让高校更清楚地了解财务收支静态预算的编制过程。这种财务预算管理方式有一些新意，但也有很多问题，比如只能根据上一年度的财务实际收支数来确定本年度的预算基数，在预测总体增长数时，则缺少有效的数学模型作为参照。从定性的角度来说，就是要用一种估计的方法，对预算管理中的一些数据进行事先分析。也就是说，当前我国高校的预算指标管理工作存在明显的灵活性不足、不确定性持续增加、预算编制流程不尽如人意等问题，进而引发了对预算执行的监督力度不够等问题。

目前，我国部分高校的预算编制过程主要是由财务管理部门牵头，各职能部门也会与财务管理部门合作，先对上一年的收支情况进行分析，再进行预算总结。在编制了预算需求报告后，将其提交到财务部门，然后对下一财政年度的预算目标进行恰当分配，最后确定高校的财务账目。从高校的整体预算编制过程中，不难看出，高校的财务职能部门缺乏整体的、全面的考量，因此，高校的财务指标能力存在一定的波动，这就造成了很多预算指标不能形成合理定额。由此可以看出，高校预算指标没有对学校的财政制度进行有效调动，使得学校的预算工作缺乏科学性和合理性。

从整体上看，当前我国高校的预算管理水平仍需进一步提升，在探索科学和创新的预算编制方法方面还不够成熟，造成定额核定单位财务预算指标不能顺利实现。例如，以定额配比为基础的创新模式不能对高校内部的预算资金进行合

理、高效的归类,从而难以全面提高高校的预算管理水平。

(二)财务信息化沟通管理问题

当前,我国高校财务管理已步入了信息化时代,但在财务信息化沟通管理方面,仍存在一定的问题。例如,在财务信息的沟通上,由于高校财务信息化管理系统是一个十分复杂的系统,涉及了很多不确定因素,因此在进行财务信息沟通时,很有可能会产生各种各样的问题。例如,财务信息化的沟通不够准确和及时,所以,在构建财务信息沟通反馈机制时,学校不能与学生进行有效的交流互动,不能对实时的财务信息进行及时反馈。例如,资金预算明细余额不能直观、准确地显示,这就直接导致学校财务工作的真实情况和教师、学生所得到的信息不对称,不能很好地建立起信息沟通的渠道。

在资金结算系统的信息对接上,也与高校财务信息化管理系统内容有关,主要有银校直联系统、财政数据库和地方财政国库系统。其中,银校直联系统是最常用的一种,它可以为学校的财务管理工作提供更好的服务,如提高支付效率等。但是,在实际操作中,由于高校的规模不断增大,其所拥有的资金也在不断增长,因此,当面对大量的业务时,银校直联系统也会在一些流程上产生混乱,造成一些专款不能专用,或不能从财务系统中直接导入信息等情况,这些都给高校的财务人员带来了较大的工作负担。

总的来看,当前高校使用的银校直联系统还不够完善,国库支付过程比较复杂,不能满足高校财务资金结算系统的信息需求,在对接上存在误差,从而影响其使用效率。针对目前高校对校外的财务管理职能,仅限于对财务基本信息的查询,因此导致学校内部各财务管理部门都是相互独立的,在学校的财务管理工作中形成了"信息孤岛"现象。

(三)财务评价管理问题

当前,高校的财务管理也面临着评价问题,也就是在财务管理系统中,缺少了一个完整的评价指标体系,这表明高校没有对已有的财务会计数据实现有效利用,造成高校资产的流动性下降、负债水平下降,进而影响了财务偿还能力。另外,高校的财务管理评价系统尚未建立,其对单位资产的管理水平的评价有待提高。甚至还有一些高校不知道如何运用财务评价指标,无法通过财务评价指标来对高校财务的活动能力进行有效评估。

二、高校财务管理工作中现存问题的解决方法

当前高校财务管理工作中，存在很多问题，这表明，高校内部财务管理水平还需要不断地完善和优化，寻找自我创新的突破口。针对上述中所提到的高校财务管理中存在的问题，笔者提出了相应的解决方法。

（一）健全财务预算制度

在高校财务管理工作中，要抓住基础，抓住本质，对如何完善财务预算系统进行思考，使学校的内部财务制度形成一个独立的工作系统，紧跟高校整体制度改革，顺应新时代，与市场化的经济政策相匹配。特别是在高校内部，必须设立一个包含预算分级管理机制的二级核算机构，以此满足自上而下的分层授权管理工作需求，避免出现财务管理混乱的情况。应当根据《高等学校会计制度》的有关规定，对高校财务制度条例进行修订，要根据高校内部的实际情况，制定与之相适应的财务管理制度，对相关的业务流程进行优化，真正实现以人为本的人性化财务管理工作流程。

高校的财务要想健康、迅速地发展，就需要重视自身的资产，将其当作学校最为重要的经济资源来对待。在强调高校教学资源和科学研究的物质基础相互融合和平衡的同时，必须重视保障的作用，确保学校能够实现对资产的有效管理。要做到这一点，高校必须建立一个专门的资产管理机构，确保学校中的固定资产和非固定资产都能够集中管理，反映出资产管理综合监督机制建设的最优状态，从而使各部门之间的联系更加紧密。

总的来说，高校的财务管理观念要继续加强，为此，高校的综合管理部门和财务部门也要对固定资产进行定期检查，达到清点盘查到位的要求，这样才能防止学校的财务资产流失。高校要摆脱传统的"报账型"财务管理方式，主动地进行"定额+比例"的开发思路，不断改进对资产绩效的有效评估，保证高校各部门在资产利用过程中最大限度地提高使用效率，符合各项财务预算制度的建设需要。

（二）强化信息化管理过程

高校的财务管理工作，必须加强信息化管理，推广并运用信息化系统软件，避免财务信息化管理过程中出现"孤岛"现象。高校必须解决自身内部各部门信息化资源共享不足的问题，特别是要从高校财务基础数据和统一管理两方面入

手，对会计数据的使用可靠性和准确性进行分析，并使其工作过程规范化，从而提升财务管理人员的工作效率。为提高工作效率，优化工作流程，需要在高校内部积极建立财务信息共享机制。在这个过程中，要对财务信息"孤岛"消除工作进行重点推进，确保财务信息整合模式的建立，将高校内部的学工处、教务处、学生工会等都与财务部门联系起来，实现不同部门财务信息的全面共享，保证各部门都能正确、熟练地使用财务核算系统。从基础工作的角度来看，要求高校开放预算管理系统、资金管理系统、网络报销系统等，以便高校学生每天正常查询学费、综合数据等，也就是运用新的信息化管理方式，使高校财务系统更加完善，为师生提供更优质的服务。总的来看，在实现高校财务信息化管理的过程中，仍有许多工作要做，具体来说，主要表现为以下三点：

第一，应构建一套较为完善、高效的财务信息化交流机制，以克服信息不对称和信息发布滞后等问题。因此，高校需要对财务管理工作的观念和服务方式进行更新，利用新媒体平台来发布财务政策，并对信息查询机制进行分析，保证高校财务管理方和学生之间能够进行实时交互，从而解决信息不对称的问题。比如，在高校财务管理工作中，建立一个在线报销系统，当出现报销问题时，可以立刻发送信息，并对财务管理工作作出说明，然后依据网上信息查询系统和有关情况采取相应的处理措施，实现与用户责任人的直接对接，省去了与高校财务处进行财务核对的流程，使财务核算系统数据得以优化。从这方面来看，高校财务信息化管理体系必须确保信息的公开、透明。

第二，要在高校内部构建一套银校动态互联的资金管理模式，以免在系统技术运用上出现错误，并对技术创新的内容进行反思。在这一过程中，高校要灵活地使用银行的资金结算系统，保证该系统可以和学校内部的财务核算系统进行实时对接，使传统的现金结算方式向无现金保证的方式转换，为高校的财务信息化管理工作的改革和更新创造条件。当前，部分高校已引进了银校直联系统，并在各部门之间构建了部门预算、支付系统以及财务核算系统联动机制。这种联动机制对高校财务管理的支付、核算、预算和决算系统进行优化，确保了高校支付、核算和预决算网络一体化机制的有效建立，符合高校内部动态互联资金管理模式的需求。在系统模式下，将计算机、手机智能终端等全部联网，大大减轻了高校财务管理工作负担。

第三，高校应制定和完善内部的财政评价指标体系，并根据财务管理评价体系的要求对高校的预算机制进行合理编制，实现对学校财务资源的科学配置，从而更好地反应学校内部的财务情况。

（三）建立健全高校财务评价指标体系

如图1-1所示，很多高校中都设立了众多财务评价管理分析指标，能够客观、真实地反映学校的整体实力和财务、经济运行效率。高校财务管理的评价与分析要以效益为导向，以全面发展的原则为指导，进行综合性评价。在一定意义上，高校应当在单因素评价的基础上对各项指标进行评价，对高校的统计信息进行全面和统一的判断，以保证对经济现象进行比较全面的综合评价。例如，高校可以运用德尔菲法，在专家权数系统的基础上，对财务管理的效果进行评价，做好归一化折算工作，获得多级指标实际权数。

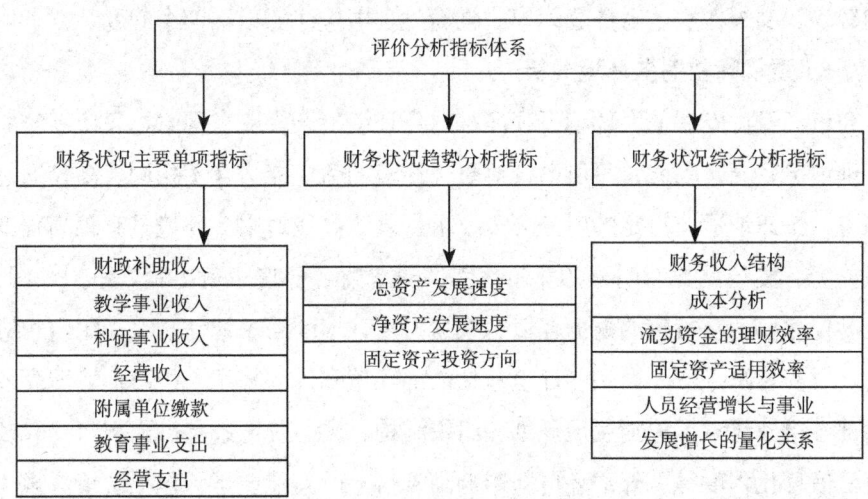

图1-1 高校财务管理评价分析指标体系

总之，高校财务管理要进行大规模的负债机制扩展，加强对现金流量的分析和控制，使其能够随时随地地掌握现金支付和收支能力状况，力争在最短时间内，将学校内部存在的各类财务问题都找出来，以此有效地降低财务风险，充分落实高校财务管理措施的有机完善。在预算管理、信息化管理和指标评价的基础上，对高校财务管理工作进行集成分析，可以对高校财务管理工作流程进行全方位监督，为提高高校经济效益创造良好的条件。

第三节　高校财务管理模式和系统创新

一、高校财务管理模式的创新

现阶段，对于高校的财务管理，部分发达国家已经进入了战略管理阶段，而我国发展相对落后，很大一部分高校的财务管理模式还在沿用传统形式，无论是理论还是实践，和发达国家相比还有很大差距。随着我国高等教育事业的蓬勃发展以及市场经济环境的日趋复杂，高校也必将实现从传统财务管理向财务战略管理的转变。高校在实施财务管理模式创新过程中应注意以下四个问题。

（一）重视高校财务环境分析

在市场经济发展的大环境下，高校财务环境复杂多变，同时，每所高校的经营管理情况各异，因此，每所高校对财务环境的适应能力大不相同。高校通过自身调整，快速地适应特定的财务环境要求，表明高校对财务环境具有较高程度的适应能力，高校就具有明显的竞争优势，对于财务环境也就更具竞争力。因此，每所高校需要适应特定的财务环境，根据财务环境的需求调整自身，制定相应的策略。对高校财务产生影响的环境包括内部环境和外部环境。内部环境即高校财务内部各组成要素，包括发展规划、组织结构、人力资源政策、内部审计、校园文化、信息化程度等。外部环境即影响高校财务的其他要素，包括政策法规、经济、社会文化、技术等。具体来说，发展规划主要是指高校的长远发展计划。高校的发展规划必须符合高校自身发展需求，是高校在综合分析现实状况、预测未来发展趋势的基础上制定的。组织架构主要是指高校内部各层级机构设置、职责权限、人员编制、工作程序和相关要求的制度安排，主要包括组织机构和岗位设置等。运行机制是指为实现高校财务目标而建立的运行和制衡机制，主要包括决策机制、执行机制、协同机制、监督机制等。高校内部控制关键岗位主要包括预算业务管理、收支业务管理、政府采购业务管理、资产管理、建设项目管理、合同管理以及内部监督等。高校的会计与信息系统主要包括会计系统和信息系统两大系统。会计系统是高校会计机构、会计人员和会计工作的组合；信息系统是高校利用计算机和通信技术，对经济活动数据进行集成、转化和提升所形成的信息化管理平台。

另外，政府在高校财务管理中发挥重要作用。政府在经济活动中，其不仅对经济起着宏观调控作用，而且对市场具有协调管理作用。尤其对于我国来说，我国市场经济正处于不断完善和发展的过程中，此时，政府所发挥的调控作用更加明显，政府对于生产经营影响更大，对于高校来说更是如此。因此，在高等教育改革的大环境下，高校作为高等教育的主要竞争主体，其管理也会随教育大环境的变化而变化，在这个过程中，政府需要采取一定的举措，对教育环境变化作出反应。政府进行调整所采取的举措主要有制定或修订经济政策、对高校经营活动进行支持和政策倾斜等。

综上所述，对影响高校财务发展的内外部环境进行分析有助于高校的财务环境获得良性健康发展。

（二）在高校总体战略下科学确定财务战略

财务战略管理始于战略目标的确立，它是一个以环境分析为重点的连续性过程。高校的财务战略是指在一定时期内，高校以其整体发展战略为基础，对影响高校长期发展的财务活动和财务关系作出战略性安排，并确保其执行的过程。高校财务战略由高校的管理层制定，高校财务战略只是全面支持高校总体战略的子战略之一，必须在高校总体战略的指导下科学制定。同时，高校财务战略管理具有相对独立性，它既有战略管理的共性，又有财务管理的特性。可以说，只有在高校总体战略的指导下科学地进行财务战略管理，才能使高校财务战略更好地为高校发展保驾护航，实现高校总体战略目标。

（三）合理配置财务资源

在一定时期内，高校的财务资源都是有限的，在运用时必须进行合理的配置才能发挥良好效果。就高校财务资源的配置而言，无论是有形资源还是无形资源，都不可能是无限的。因此，应对高校财务资源进行最优分配，以达到最大化的使用效率与效益。这里所说的效益和效率，只是针对高校财务资源的分配。其中，效益是指学校在合理分配资源后，能够为学校创造的最大收益或价值。效率就是在进行财务资源分配时，要以最小的投入获得最大的收益，并在资源分配中寻求最佳的投入和产出的比例。从概念中我们可以看出，财务资源配置的效益主要强调结果的最优，而财务资源配置的效率则主要强调过程的最优。它反映了高校财务资源配置不可分割的两个方面。每所高校的经营状况会有区别，财务管理能力方面也会不同，因此，每所高校在财务资源配置的效益和效率上也存在不同。每所高校只有实现更好的财务资源配置效益和效率，才能具备更好的竞争优势，从而具备更强的财务资源配置竞争力。

（四）加强高校战略成本管理

为了实现和维持高校的竞争优势，高校领导必须重视高校内部资金流动过程，加强高校战略成本管理，形成一套不断改善和提高高校价值链中作业价值的战略成本管理方法。在高校战略成本管理中，首先要丰富高校成本管理的内涵，以高校教学、科研等活动的作业链为中介，对费用的发生进行控制；其次要明确高校战略成本管理的长远目标，高校战略成本管理是为了高校获得未来长期的竞争优势，而不是以短期成本的高低为判断标准；最后要突出高校战略成本管理的全面性，即不是站在高校某项管理的单一角度谈成本控制，而是在对高等教育整体和其他高校分析的基础上，以高校全局为对象的成本管理。

二、高校财务管理系统的创新

高校财务管理系统创新是大学使命实现的路径。在现代社会中，大学是因其特殊的使命而存在与发展的。高校财务管理系统创新已经成为一所高校自主创新能力的重要体现，是一所高校核心竞争力的重要组成部分，与人才培养、科学研究、社会服务等创新能力共同构成了衡量现代高校创新能力的重要方面。

（一）管理层决策指挥系统创新

要做好高校财务管理工作，首先必须厘清高校财务领导体制问题。高校财务领导体制必须与高校领导体制一致，在统一的领导体制下，财务管理工作的具体管理办法和管理措施可以根据最优原则来选择。

1.建立分级管理体制

在校长负责制下，高校财务工作实行学校统一领导，分级管理二级学院，在学校的统一领导下，可以自主管理的事项和权限包括以下几方面。

（1）制定具体实施办法

二级学院在执行学校统一前提下，可以根据本学院实际情况制定具体的实施办法和落实措施。

（2）统筹使用预算资金

在学校统一预算和资源配置的前提下，二级学院将学校分配的预算经费，包括学院的人员经费及教学科研等日常公用经费等，按照学院教学等各项计划的进展情况进行统筹安排和合理使用，提高资金的使用效率。

2. 管理和控制制度设计

制度设计是指高校为实现财务管理各系统及各环节的有效运转而制定的一整套规章制度体系。价值管理主要由财务部门管理系统来实现，行为控制管理涉及各系统。对财务部门管理系统要建立价值管理制度及行为管理控制制度。此外，管理层应建立各系统之间的信息沟通与交流制度，如授权审批管理系统与财务部门管理系统之间的审批与审核信息沟通，内部审计监督控制系统与授权审批管理系统和财务部门管理系统之间的监督与被监督的信息沟通等制度。

俗话说"没有规矩，不成方圆"，健全的规章制度，是进行财务管理活动的前提。高校财务管理活动的各个环节，都必须建立健全规章制度。

（二）授权审批管理系统创新

授权审批是高校财务管理的一个重要环节，直接影响高校财务管理的效果。要建立和运行高校授权审批管理制度，必须弄清有关授权审批和审批管理制度的基本概念。

1. 建立分级审批管理制度

高校建立分级审批管理就是对审批人、审批事项的审批级次、审批限额、审批责任等构成要素进行符合高校实际情况的制度设定。❶将审批管理制度进行分类，这有利于高校选择适合本校实际情况的审批制度类型，建立自己的审批管理制度。

2. 支出审核原则和注意事项

（1）支出审核的原则

财务部门应根据各类经费使用范围的特点，把"事和人"结合考虑，把握支

---

❶ 顾艳，莫翔雁. 高校财务管理 [M]. 延吉：延边大学出版社，2022.

出报销的原则。

（2）支出审核的注意事项

财务部门及财务人员在具体报销审核操作中，要注意将"事与人"结合考虑，体现良好的职业能力和职业道德。

系统设置控制是利用现代信息技术为财务管理服务的、人为因素最少、最有效的控制手段。高校支出的财务管理系统设置是通过财务软件进行的。在账务系统支出设置中，每一经费项目的支出范围和支出内容都是通过在项目中设置科目代码进行自动控制的。系统设置控制与支出经费的来源密切相关，每项支出都要根据预算的支出内容和范围进行控制，而这一控制手段主要是通过对财务系统的设置来实现的。设置预算经费大类支出科目，可以控制支出的范围；设置预算经费明细科目，可以更加具体地控制支出结构和支出内容；设置预算经费金额，可以控制超预算的支出；对于没有设置科目的项目，支出系统会提示不能列支，从而实现对支出完全控制。

（三）内部审计监督控制系统创新

内部监督是指由高校内部进行的内部审计监督活动，包括管理层监督、内部审计监督和纪检监察监督等。与管理部门的监督相比，内部审计部门在整个高校内部审计监督活动中发挥着至关重要的作用。

1. 内部审计监督的工作目标与要求

《教育部直属高校经济活动内部控制指南（试行）》明确规定，高校财务活动内部审计监督是指教育、财政、审计、纪检监察及高校内部审计与监察部门，对高校内部控制建立和实施情况进行的监督。审计监督的工作目标是审查和评价组织内部控制的设计和运行的效率，围绕内部控制的建立与实施来确定具体审查和评价的内容。

根据内控规范，单位在健全内部控制时首先必须明确内部审计监督机构，一般来说，这一机构是单位的内审部门，也可以由委托纪检监察等有关部门或外部机构承担审计监督任务。其次要明确内审机构的职责权限，最后要规范相应的程序、内审方法以及要求等，防止内审监督形式化。根据《行政事业单位内部控制规范（试行）》的精神，内审机构的权力应该独立于内部控制制定和执行层，直属内部控制规划决策层。

内部审计监督的方法多种多样，有一系列监督方法和工具可供使用，与内部控制评价方法大致相同。高校可以根据监督目标选择合适的监督方法，或者几种方法结合使用，达到内部审计监督的目的。

内部审计监督的难点是评价，评价的难点是确定有效的评价标准。确定了检查和评价的标准后，就要把内部控制工作的实际结果与评价标准和作业标准加以比较，如果低于标准，就要加以纠正，或者调整标准。

2. 高校内部审计监督创新的措施

（1）建立高校内部监督体系

尽管学校校级党政领导都有明确的职责分工，责任重大、工作繁忙，但是，学校校级管理层是学校内部控制有效性的最终责任者。高等教育体制的改革，使高校的办学自主权增大，国家对教育经费的投入也在不断增多，因此，学校校级管理层可以通过设立专门的机构来全面负责学校的内部监督工作，这也是内部监督体系能够发挥作用的基本保证。对学校内部控制进行设计、监督、评价，是十分可行的，也是十分必要的。

学校内部的工会、职代会、学代会、教授会、纪检、监察等机构在履行监督职责时，对内部控制也负有一定的监督职责。教授会作为学校学术权力机构，对学校内部控制也具有监督作用。纪检、监察部门是党委领导下的对党组织、党员、干部廉政情况进行监督、检查的部门。

（2）校务公开，提高管理透明度

随着高等教育改革的不断深入，社会对高校的一些活动产生了强烈的监督意识，比如教育收费问题。各高校对这些需求也给予了基本回应，比如各学校进行了广泛的校务公开工作，以提高学校管理的透明度。校务公开作为监督学校管理的一项内容，也是学校内部控制的一个环节，借助校务公开，推进学校改革、建设、发展，推进学校的廉政建设，推进人们对学校管理活动的监督。

通过财务管理公开，推动财务管理的规范化。财务工作报告，要在学校教职工代表大会上通报；学校的收费项目、标准、依据、范围，要在学校公布栏中张贴；教职工补贴发放标准、办法，由人事处提交教代会通过等。这些做法实现了教职工对学校财务管理的监督。

通过物资采购情况公开，提高采购工作的透明度。通过采购计划、采购方式、使用效果的公开，学校物资采购管理规范化大大提高，促进了教职工对学校资产管理的监督。

通过建设工程项目的公开，提高公众的监督、参与意识。基建工程项目公开包括：基建、修缮工程项目的设计方案的征集、讨论公开；资金来源公开；计划总投资、建筑面积公开；招投标情况公开；竣工决算情况公开。通过公开，增强了教职工参与学校管理意识，实现了教职工对学校基建管理的监督。

通过科研立项、结果的公开，提高公平竞争力度，减少学术腐败，促进教师积极开展科学研究。科研立项、结果公开包括：科研项目申请情况的公开；科研立项的题目、承担人、项目金额的公开；科研项目结题情况的公开；科研项目评奖结果公开；绩效评价结果公开；社会转让情况公开。公开，激励了教师积极参与科学研究，创建了学术自由氛围，实现了对于科研项目管理的监督。

公开管理信息是社会民主化进程的必然要求，随着社会公众对高等教育关注度的提高，高校校务公开的内容会不断增加。现阶段，学校可以根据自身管理情况，有条件、有范围、有针对性地进行校务公开。校务公开，构建了监督控制的管理环境，进一步完善了学校内部控制中的监督机制。

（3）发挥社会监督作用

高校内部监督体系的监督属于内部人监督，当遇到关系到学校声誉等敏感问题时，内部监督机构对于问题的判断带有一定的倾向性，会弱化监督的作用。而社会监督属于外部人监督，不会受内部倾向性的影响，监督具有更强的独立性、客观性。

社会公众、社会中介机构是独立于学校之外的社会民众、专家机构，属于社会监督机构。例如高等教育评估机构、会计师事务所、资产评估机构、报刊等社会舆论机构。社会机构独立于高校之外，其公平、公正、客观是他们服务社会的基础要件，其理智性、客观性，可以弥补高校内部监督人员监督不够"彻底"的缺憾。

学校可以定期或不定期地委托社会中介机构对高校的内部管理状况进行监督。借助社会监督机构的专业、职业能力，发现管理漏洞，降低内部群体舞弊案件发生的概率，加强内部控制，提高管理水平。比如可以借助会计师事务所，对学校的财务状况进行审计监督，检查、审核、确认学校的财务管理情况；可以由上级教育行政主管部门牵头，从各高校中抽调审计人员定期或不定期地派出审计组，审核、监督高校的资产管理情况；可以借助教育质量评估机构，对学校的办学质量进行评估、分析，对学校的办学状况有一个客观的评判，更好地提高教学质量。

通过借助社会专家的力量，监督学校的内部管理情况，不仅可以发现学校管理中的不足，防患于未然，还可以使学校高层管理者对学校的内部管理情况有一个基本的、全面的、客观的认识。内部监督与外部监督相结合，形成有效的监督机制。

（4）保证信息沟通渠道的畅通

内部审计监督的有效与否，有赖于有关方面能否进行充分、有效的信息沟通。一方面，学校内部监督部门之间需要充分的沟通，以提高监督效率、效果；另一方面，公众对监督结果知情权的需求不断增加，要求能够及时公布监督结果，实现学校与公众的有效沟通。因此，加强内部监督机构之间的沟通、提高监督结果的公知性，是做好内部审计监督的必要环节，而保证这两个环节的基础是保证信息沟通渠道的畅通。这也是信息与沟通成为贯穿于内部控制的原因。

第一，提高内部监督机构之间的信息沟通。参与学校内部审计监督的机构、人员很多，每个机构的每个人员都在依照所在机构的职责实施监督行为，并不了解机构外的其他人的工作情况。同时，并不能保证每个机构的每个人员都全面了解学校内部监督的方式、程序、要求以及所采取监督方式可能存在的风险。通过有效的信息沟通，可以减少误解，降低重复性工作，提高监督效果。

第二，建立监督结果公布的信息交流渠道。内部监督的目的就是提高组织内部自我完善、自我约束的自我管理能力，如果监督的结果无人知晓或很少人知晓，从某种意义上说，就没有达到自我约束的目的。另外，从管理学的角度来说，如果信息不能通过正式的、正规的渠道传递的话，非正式渠道、小道消息就会满天飞，不准确的信息就会占据信息源的主流。同时，含糊的、有歧义的披露，也会导致各种不同解释的泛滥。因此，通过正式的渠道、正规的方式公示监督结果，是达到监督目的、保证监督效果不被曲解的有效方式。现阶段，高校可以根据自身管理的特点和需要，在保证学校稳定、发展的前提下，有选择性地进行监督结果的公示，以促进改善内部管理，提高内部控制。

（四）财务部门管理系统创新

高校财务管理的发展最引人瞩目的是财务管理信息化。高校财务管理信息化体现在两个方面：一方面是财务辅助管理信息化。网络技术和校园网建设为财务管理提供信息沟通和交换的平台。财务信息发布和数据查询，从传统的纸质的人工传递发展为网络传递和系统自动查询；校园卡的使用，解决了校内零星收入无现金化管理问题，增加了财务管理手段；财务管理系统与银行联合，实现了"无现金报账""电子转账"等网上银行结算，提高了财务管理水平。另一方面是财务管理信息系统功能多样化。随着网络信息技术的发展，"高校财务管理系统"已由原来单纯的电算化核算功能，升级发展为集收支核算分级管理、预算控制、报表生成和其他软件接入等功能于一体的多功能管理系统，有利于提高管理质量和水平。

第四节 加强高校财务管理的对策分析

高校财务管理对策是一个动态的课题，其主要研究内容包括：财务管理的内涵承载与外延拓展，财务管理的生存路径与环境影响，财务管理的缺失问题与现存困难，财务管理的施政能力与智慧谋略，财务管理的体制建设与水平提升等。

一、高校财务管理对策的多种类型

（一）柔中有刚，中庸平和型

对于横向课题研究，院系创收分成的福利基金、发展基金，代管、自收自支的经费等发生的经济事项，财务部门采取的管理方式是柔中有刚，趋于平和，但坚持审批程序到位，票据合法，用途基本合理。

（二）抬头看路，政治智慧型

对于公共卫生突发事件、抗震救灾、学生政策性生活补助、党中央开展的各项政治活动等工作，财务部门有政治头脑，看清形势，顾全政治大局，充满政治智慧。不仅临时安排经费，还给足经费，不与执行部门和分管领导发生矛盾和不愉快，以免造成不可挽回的损失。

（三）有效约束，坚持原则型

教育收费、票据管理、收支两条线、国库集中支付、小金库治理、政府采购、工程招标、代扣代缴个人所得税等问题，是具有法律法规约束的范围的，不随意管理，严格执行有关规定，尤其是教育收费。

（四）善抓契机，改革创新型

财务管理要改革创新，例如，会计基础工作规范化管理、预算管理、专项绩效评价、内部收入分配、业绩津贴管理等。每年争取出台一两项改革措施，不宜多，因为一多容易引起众多关注，别人一时难以适应，自己也难以照顾周全。但是，不改革创新别人说你没有开拓精神，要善于抓住契机适时出台相关措施。

二、加强高校财务管理的对策

高校财务管理对策，就是学会在改革、稳定和发展的大环境中有尊严地生存；合力构建良好的经济秩序和财务管理平台；善于在各项事业、各类群体与财务矛盾中自由地周旋；运筹帷幄，全力提供学校正常运行的资金保障；严密防范内在、外在、潜在的各种资金风险；竭诚为教学、科研、行政、后勤、学生等做好各项财务服务。

（一）资金运作是高校财务管理的核心

资金运作是财务管理的核心、谋略的保障，能充分显现资金运动方面的绩效。手中有钱，遇事不慌，财务处要义不容辞地为学校留足运作资金。高校资金运作通常情况是上半年支大于收，5～7月资金运作最紧张，如果运作不好，资金链就会断裂。

一般来说，在经费紧张的情况下，资金运作要打时间差，付款要分轻重缓急，该付出去的工程款、设备购置款等，能晚则晚，不要盲目急着付出去；该收回的各种款项，越早收回越好。校办产业上缴可与学校支出互抵；科研经费、专项基金除用来周转还要利用闲置资金增值等。例如政府贴息贷款，如能一次提取分次付款，几亿以上的资金一年可获得几百万元的利息收入。如果刚从银行提款不过夜就急于付出去，就不会有资金效益。如学校的资金应视情况能先用国库支付指标的，尽可能先用，学校自筹的经费留在最困难的时候用，一般不要垫付国库指标的经费，即便必须先垫付的资金，也要用合法的变通的办法归垫回来。

（二）预算管理是高校财务管理的重点

预算管理是财务管理的重点、谋略的资源，能充分体现预算管理对促进和谐发展的价值。

1. 财务预算实行公开操作

高校财务预算编制的初始和决定过程应该公开、公平、公正。每所学校在编制预算时，往往历经讨价还价的痛苦，对于核减一些报大数、不合理和带盲目性的预算项目存在一定困难，为了保障学校集中财力办大事，同时又节省时间，化解人为因素，建议组织多部门参与编制预算，公开操作，提高编制预算的透明度，减轻财务压力。

2. 重点实施零基预算、定额预算、绩效预算、和谐预算

改革创新，引入零基预算、定额预算、绩效预算、和谐预算的理念，使预算项目的确定和资金的投入量更实效、合理、科学。

第一，囊括全部财务收入，实行零基预算，使财务预算成为大口径，全方位地充分展示了学校的财力、用途所在，使预算收支趋于平衡。学校财务预算所列的收支应全部在广大教职工的监督视线范围内。

第二，逐步改变经费切块实行定额预算，加强以定额为计算基础，改变过去以基数加发展的切块办法，改变人为争取经费的办法。逐渐转变为以下三种方案：一是公用经费预算，总量以上年实际发生数减少15%作为控制数；二是部门归口以项目合理和需求申报经费，须进行公开答辩，逐项审核；三是机关部处行政办公经费，实行定额预算，以示公平。

第三，建设节约型校园，实行绩效预算，根据节能目标和项目投入产出目标，编制绩效预算，使资源浪费的现象得到有效遏制；建立能耗统计体系，加强节能采购规范化建设和建筑节能改造工作；严格控制办公楼项目建设，制止奢侈浪费等不良现象；严把会议、考察、出国等审核关，切实做到以较少的投入获得最大的效益。

第四，统筹兼顾，实行和谐预算，构建和谐校园是一项系统工程，任务十分艰巨，方方面面都需要资金来支撑。因此，预算管理在构建和谐校园中具有积极的作用。编制预算要坚持统筹兼顾，既支持强势项目，又扶持弱势群体；既有重

点投入，又有安抚政策。充分利用资金投入预算来平衡教育资源的分配，以实现学校和谐发展。

（三）充分利用财务管理平台

运筹帷幄是财务管理的本职、谋略的手段，充分利用财务管理平台推动教育事业发展。古训告诉我们"不谋全局者不足谋一域"，就是说要讲全局、懂全局、谋全局。财务管理讲的就是集中智慧，顾全大局，运筹帷幄，拿出高水平，平衡各方利益关系，缓解资金矛盾压力。

1. 正确处理事业发展需要和资金供给的关系

从某种程度上说，高校的发展需要不断增长的经费，这与学校能够筹集到的经费的有限性是不相适应的。对于高校来说，没有绝对充足的资金供给的存在。目前，我国高校财务面临着资金短缺和投入不足的问题。因此，高校在事业发展的目标选择与定位上，必须明确资金的投放目标，防止出现目标分散的情况。高校发展还要确保恰当的定位，这样才能集中资金办事业，尽早收获成效。此外，还要避免出现投资周期过长、收益不高的情况。

2. 正确处理社会效益和经济效益的关系

高校是为国家培养高级专业技术人才、开展科研工作的机构。这既有社会意义，也有经济意义。从整体来看，高校财务管理应该以追求社会效益为中心，增加对教学和科研的投入，从而培养出合格的人才，并创造出高质量的科研成果，从而在社会上产生一定影响力。同时，在对外投资和经营活动中，也要确保有一定的经济效益，这样才能吸引更多资金投入高校事业发展中。

3. 正确处理国家、集体和个人三者利益的关系

高校在经济活动中所涉及的国家、集体和个人间的三方利益，实质上就是一种物质利益。作为高校的主要出资人，国家有责任保护好学校的利益，防止学校的利益受到损害。学校是集体利益的代表，而个人则是学校的直接劳动者，也是学校财富的直接创造者。在经济利益和物资配置上，高校财务管理要处理好积累和消费、长期与近期、全局与局部利益之间的关系，既不能简单地把国家利益、单位利益部门化，也不能把生产性资金转化成消费性资金。

（四）运用"三十六计"的理念创新财务管理思路

在战术上要藐视敌人，在战略上要重视敌人。实践证明，指挥员运用一项好

的战术，可以解决一场战斗；谋划一个好的战略思想，可以解决一场战役。

"三十六计"是根据我国古代卓越的军事思想和丰富的斗争经验总结而成的兵法，是中华民族悠久文化遗产之一，是中国谋略智慧的精髓，它不仅是兵家克敌制胜的必懂计谋，更是中国人无形的"智慧长城"。它既适用于具体的战术，也适用于重大的战略决策，各行各业的人都能从中找到成功的秘诀。今天，"三十六计"已远远超出军事斗争的范畴，被广泛地应用于生活中的诸多领域。唯有懂得"三十六计"的精妙，才能真正理解中国人的行为方式和思维方法；唯有掌握"三十六计"，运用"三十六计"，才能让你即使在最艰难的时刻，也能尽显英雄本色。

说古喻今，借用古人"三十六计"的计谋思路，想象财务管理在处于不利情况下应该怎么做？处于优势情况下又该怎么做？财务管理坚持原则下还要灵活应对，处理棘手问题避免单枪匹马地作战，要用谋略来协调。例如对于违反财经纪律的单位，借助纪检监察审计的力量；对于违反财务规定的干部，借助组织部的力量；对于福利待遇方面的问题，借助工会的力量；对于收入分配的问题，借助财经小组的力量等。总之，要因地制宜、因人而异，不能简单处事，眉毛胡子一把抓。

（五）运用"水桶定律"提升财务管理水平

美国管理学家彼得最早提出了"水桶定律"，也叫短板理论，是指多个板子拼成一个大桶，它的价值就是能装下多少水，但是，决定一个大桶能装下多少水的，却不是那个最长的板子，而是那个最短的板子。想要增加这个木桶的容量，唯一的办法就是更换短板或者加长短板。"水桶定律"可以说是极为巧妙的。但是，由于"水桶定律"使用频率不断提高，其适用范围和场合也在不断扩大，已经从一种简单的比喻上升到了理论层面。

由许多块木板组成的"水桶"，可以象征一个企业、一所学校、一个部门、一个学科，也可象征某一个员工，"水桶"的最大容量也代表了一个企业的综合实力与竞争力。如果说一个学校的内部管理是一个板块长短不同的木桶，学校的教学和科研则可以被看作木桶里的水，那么，决定一所学校办学质量的关键因素就是最短的那一块板，最短的板可能是班子不团结，或是人才短缺，或是部门之间协调问题等。如果把学校的各种资源比作长短不一的木板，如教学、科研、专业、学科、管理、质量等，要使木桶"容量"被最大限度地扩展，就必须对学校内的各类资源进行合理分配，并适时地填补这块最短的"木板"。

因此，木桶有大有小，木桶原理也可以分为整体和局部，对于高校财务管理这个"木桶"来说，就要找到那块最短的"木板"，也就是要找到财务管理最薄弱的环节，加高它，加强它，才能容纳更多新理念、新技术、新知识，以提升整体财务管理水平。

第二章 高校财务管理内容解读

第一节 高校财务预算管理

随着现代社会的发展及科技的进步,全球竞争已经到了白热化阶段,在这种背景下,国内不只是企业、事业单位被卷入了这种激烈的你追我赶之中,连各大高校也在教学目标、管理水平、人才培养等方面展开了激烈的竞争。想要在竞争中脱颖而出,切实提升高校财务管理水平和服务质量,高校必须采取各种措施改进当前的财务管理体制机制,剔除不符合全球市场经济和知识经济发展需求的部分,使旧的财务管理体制焕发出新的活力。而高校提升财务管理水平的关键在于提高资金的使用效率,加强财务预算管理。

所谓高校财务预算,指的是高校定期编制的年度财务收支计划,这份收支计划建立在高校年度事业发展规划和具体工作计划的基础上,反映的是年度内高校资金来源及使用方向,包括对年度内资金收支规模的预算等。高校财务预算包括收入预算、支出预算两部分,它在整个高校财务管理机制中占据极其重要的位置。高校资金等各种资源都是有限的,而财务预算管理不仅能合理配置这些资源,使有限资源发挥出最大的作用,还能改良资金分配流程,使其更加科学合理。

在高校整个管理工作中,财务管理工作发挥着独一无二的作用。

高校相关人员在进行财务管理的时候,除了要对高校资金进行具体的核算、严格的监督和考核外,还要通过各种渠道为高校筹集资金,并将筹集的资金进行合理配置。值得注意的是,高校做好财务管理工作,对其教学科研内涵及外延建设、发展都能起到积极作用。在经历了20世纪末规模较大的扩招后,我国高等教育已逐步实现大众化。各大高校发展过程中，虽然办学规模不断扩大、经济活动日益频繁，但很多问题逐渐凸显出来，比如，高校经费供求矛盾越发突出，高校财务工作的开展因此困难重重。这种情况下，越来越多的学者及专业人士开展了对高校财务管理问题研究，而这对于我国教育事业的建设及人才培养都有非凡的意义，也能促进高校快速、稳定地发展。高校也要自主改革自身的财务管理体制，加强创新、健全制度，以适应现今社会财务管理精细化的需要。

一、高校预算管理的分类

根据不同的标准，高校预算可以划分为不同的种类。

（一）根据管理级次划分

高校预算按管理级次划分，包括校级预算和二级单位预算。校级预算是学校层面的预算，由学校财务部门汇总各二级单位预算后综合编制而成的；二级单位预算是高校预算的基础，它是由各部门、各学院等二级单位自行编制而成的。

（二）根据使用者划分

高校预算按使用者划分，包括部门预算和校内预算。为了与政府部门预算编制一致和便于学校内部分级管理，高校需要编制两类金额相同但用途不同的预算。一类是上报财务部门的"部门预算"，侧重于财政拨款收入细化预算，使用者是政府部门；另一类是校内预算，即财务收支计划，是高校根据下达的部门预算而编制的，侧重于高校内部支出分配细化预算，校内预算使用者是高校领导和校内各部门。

单位预算是指列入政府部门预算的国家机关、社会团体和其他单位的收支预算。而政府部门预算则是指预算编制以政府的各个部门为单位，一个部门的各项财政资金均统一反映在该部门的年度预算之中，以增强预算的规范性、科学性、合理性。高校财务补助拨款收入属于财政教育支出的一部分，因此高校预算是政府教育主管部门预算的组成部分，属于部门预算中的单位预算。

内部分级预算，是根据高校内部发展规划和年度工作计划，按政府财务部门预算批复的单位预算年度收支总额编制的，适用于高校内部分级管理的收支计划。

部门预算和高校内部分级预算收支总额应该保持一致，财政拨款类项目明细预算保持不变，公用经费支出明细预算可能会有所变化，主要体现在内部分级预算因实行分级管理的需要，更加细化和具体。

二、高校预算管理的目标

随着预算管理理论的不断发展，预算管理的实践也得到进一步深化和完善，当前高校预算管理的目标主要包括以下七个方面。

（一）预算管理体系控制目标

建立和完善预算管理体系，明确各职能部门的责任范围，制订并健全预算管理的各项制度。在此基础上，构建一套科学的预算管理运作体系，对高校财务预算工作的各环节制定详细的工作流程、工作要求、审批权限及职责分工。对高校财务预算管理工作进行科学的划分，明确各部门的职能分工，确保在预算工作中实现各环节不相容岗位的有效分离。

（二）预算编制控制目标

确保预算编制过程中学校内部充分沟通协调，流程设置合理顺畅，公开透明。确保预算编制与学校年度工作计划和事业发展战略规划的匹配性和一致性。保证学校年度预算编制科学、准确、合规、合理、及时，统筹兼顾，保障重点，妥善安排各项资金需求，力争收支平衡。

（三）预算审批控制目标

确保预算审批流程设置科学，各环节的审批要求和时限明确。校内各审批主体职责明确，分工合理，认真负责。经批复后的预算指标分解细化，下达及时，不得影响各二级单位的预算执行。

（四）预算执行控制目标

预算执行主体明确，责任清晰，资金使用审批权限明确。确保预算严格按照批复的要求执行，杜绝无预算或超预算执行。预算执行严格按照规定的审批流程进行，严禁违规使用资金。加快预算执行进度，力争实现预期的预算目标。

（五）预算调整控制目标

严格审核预算调整事项的必要性和可行性，没有特殊情况不得随意提出预算调整。严格预算调整程序，保证调整程序合法合规，严禁未经批准擅自调整预算。明确预算调整审批权限，确保审批符合规定。

（六）决算控制目标

资金决算管理是高校财务管理中的一项重要组成部分，是指高校根据原始的生产经营数据和长期战略计划的特定需求，根据高校的实际运作状况，对学校的资金使用情况进行合理评估、实时监控和事先预测。它不仅是对学校其他预算项目进行整理与汇总，还是对学校资金收支进行统筹规划与平衡的一项管理活动，能够及时反映学校在经营过程中的资金状况。可以确保高校在编制年度决算报告时，真实、完整、及时、准确地反映出学校的财务和收支情况。

（七）绩效考评控制目标

高校的绩效考评控制，就是以评估、考核的方式，对各层级的管理人员及项目的经济目标进行管理和规范。只有在各层级上达成了管理目标，才能最终实现高校的总体战略发展目标。在此基础上，要明确校内预算绩效评价牵头单位，制订绩效评价方法和指标，科学合理地开展评价工作。及时反馈评价结果，重视绩效评价结果运用，建立奖惩机制，落实奖惩责任。

绩效考评系统主要包括考评指标和考评程序的制定、考评方法的选择、考评结果的分析和纠正偏差与奖励措施等关键环节。绩效考评控制系统依据考评对象，可分为经营者绩效考评控制和教职工绩效考评控制两大系统。

三、高校预算管理的基本原则

对于公立高校而言，国家拨款是其主要的经费来源，包括中央财政拨款和地方财政拨款。国家对高校实行核定收支、定额或定向补助、超支不补、结转和结余按规定使用的预算管理办法。这种预算管理办法具体来说，国家一方面通过设定生均拨款标准、核定在校学生人数向学校提供基本拨款，另一方面通过设置各类专项资金向高校提供定向拨款。对于高校超支部分国家不再补充，结转和结余资金按照国家相关规定使用。

因此，高校预算编制应当遵循"量入为出、收支平衡"原则，不得编制赤字预算。收入预算应当积极稳妥，高校凡是应当纳入预算的各项收入都要纳入预算；支出预算编制应当统筹兼顾各类资金，重点保证人员支出和运行支出，资金投向尽可能向教学和科研倾斜，另外，还要坚持勤俭节约原则，大力压缩"三公"经费和一般性公务支出。

四、当前高校预算管理存在的问题及其原因分析

在现阶段，国内一些高校对预算管理能够发挥的作用认识得不够清晰，高校内部的预算运行机制陈旧落后，预算财务质量低下，这些问题严重阻碍了高校的健康发展及教学目标的实现。综合而论，我国高校在财务预算管理方面存在的问题主要体现在以下三个方面。

（一）预算编制不严谨，缺乏全局调控机制

国内部分高校在进行预算编制的时候，总会出现以下问题。

第一，预算编制中的资金来源模糊，信息涵盖不完整。国内部分高校筹措资金的方式常见的有去银行贷款、借助咨询服务等，另外，绝大部分高校都有政府财务部门专门拨款进行扶持。而在进行预算编制时，一般工作人员只会考虑到政府财政拨款的资金来源数额，这使预算编制中的部分资料填写不完整，这也会对后续工作产生一些负面影响。

第二，高校预算编制的数据与实际相比存在一定误差。有的工作人员在进行预算编制的时候会直接照搬往年的预算数据，却不考虑现实情况，其实，年度项目在具体实施过程中一定会发生变化，而往年的数据是很难体现出这种变化的。

第三，高校财务预算的追加程序不够严谨。国内很多高校在进行预算编制的时候，若想要追加某个项目的预算，只需预算申报人填好单据，向上级申请，然后由领导批复即可，这样的程序是不够严谨的，过于简单就会埋下后患。

第四，高校在进行财务预算管理的时候，控制力度不达标。高校有关部门在编制预算报表时对预算数据的核查不过关，而且在判断应该开展哪些项目时带有浓厚的主观色彩，却不进行相应的考察工作。这导致预算审批后，有限的资金无法平衡分配于各个项目，出现"厚此薄彼"的现象，对于这种现象，高校并没有充分认识到其危害，也就没有第一时间加以控制和整改，这使预算的效果越来越不理想。

第五，部分高校的财务报销程序较为混乱。高校在进行财务预算编制的过程中，主要对金额大小、时间节点、项目完成程度、预期效果等进行预估。然而，有些高校在进行财务报销的时候，为了方便，会将一整年的预算费用集中在一起报销，这种混乱的报销程序会影响整个预算管理效果。

（二）预算执行不严格，缺乏强制约束机制

首先，高校财务预算的执行结果不尽如人意。部分高校因为在预算编制过程中总会出现各种各样的问题，信息、数据与现实相去甚远，这使预算执行的结果产生较大偏差。比如，有的项目申报人预估的项目金额严重不足，这导致项目进行过程中频频出现资金紧张的问题，项目进度一再被延迟；有的项目申报人则相反，申报的项目金额远远超出实际需要，这样一来，项目结束后，总有大量资金剩余。如果预算编制人员继续凭着主观意识去填报预算信息，而不积极了解学校的整体发展规划包括年度项目的发展目标，上述这些现象只会变得越来越严重，预算执行的效果也会越来越差。

其次，在具体执行的过程中，相关高校财务预算人员没有进行严格的把控。相关人员在预算编制完成后，会将整理好的指标、数据下达各部门，再由不同的岗位人员负责不同的领域具体实施。然而，在实施过程中，执行的力度往往不够。

高校在"重心下移，责权下放"的财务管理体制下，"重编制，轻执行，无考评，缺奖惩"的现象较为突出。无论是高校省级部门预算还是校级综合财务预算，相关主管部门如省财政厅、教育厅（对省级部门预算）和学校财务部门（对校级预算）只管按批准的年度预算分期分批下达经费额度，按"经费是否有余额""报销票据是否合法""报销手续是否完备"等的规定审核报销每笔经费支付（以简单的经费超支来控制预算执行），至于该项经费支付是否真实，是否合理，是否有效益，都由各责任部门（业务经办部门）说了算。现在大家普遍认为既然钱已到账，就是自己的，如何用，什么时候用，用在什么地方则是责任部门自己决定。例如高校学科建设经费中经常报销餐费、食品费、出租车费、旅游经费等，只要学科建设负责人签字同意就可以随时报销，这些费用在学科建设上是否必要没有任何部门评价。同时某一预算项目经费用完了，责任部门（主要是校级预算）就可以写申请，要么调整预算，要么追加预算，至于原来安排的预算经费执行合不合理，科不科学，有没有效，则无人问津。这使高校陷入了"向上管要钱，向下任花钱"的窘迫境地，无法严格执行预算，加上预算安排不科学不切实际，导致预算执行缺乏强硬约束机制，预算执行效果并不理想。

（三）预算考核不存在，缺乏评价奖惩机制

高校履行的是公共性、公益性的社会职责，其预算资金支出的效率和效益在发生当年很难评价，也无法准确评价。比如，某大学培养一个硕士生，按现在的学生人均定额标准财政拨款三年至少7.2万元，加上三年学费2.1万元，不考虑其他经费预算，总共9万余元。该生毕业留校工作两年后，为和本校一位博士生争相追求一位女教师，冲动之下刺死了自己的情敌，导致自己锒铛入狱，如何评价这9万多元的支出？如果这个硕士生留校后不犯这样愚蠢的错误，而是自己刻苦努力成了一个知名学者，那又如何评价这9万多元的支出？

高校要进行正常的教学、科研活动，花钱是必然的，那花钱是否有效益呢？如何评价？由谁评价？目前高校缺乏这样一个预算考评奖惩机制。高校履行的是公共性、公益性的社会职责，其预算资金支出的效率和效益在发生当年很难评价，也无法准确评价。

五、高校预算业务控制的具体措施

凡事预则立，不预则废。省级部门预算或校内综合财务预算对于国内高校来说意义重大，它可能预示着高校那一时间段的工作核心及规划重点，也可能预示着高校的最终发展方向。预算编制报表里有一串串数字，这些数字彰显了一切，它决定哪些项目比较重大，需要投入更多资金，并立即执行；哪些项目没那么重要，可以投入较少资金并适当延后。高校想要提高财务管理水平，首先要强化预算管理，严格控制支出。

（一）完善高校预算控制组织机构

高校的预算控制是一项复杂的系统工程，它需要有分工合理和职责明确的组织机构设置，涉及预算编制机构、咨询机构、决策机构、执行机构、绩效评价机构、监督机构。高校应当根据国家预算法规和上级有关政策要求，结合学校实际情况，制定和完善预算管理制度，应当包括预算编制、预算审批、预算执行、预算调整、决算、绩效评价等内容，确保整个预算管理流程都依法依规进行。❶ 高校应当制定一套规范合理和顺畅的预算业务控制运行机制，并严格按照规定的流

---

❶ 杨汉荣.高校财务管理改革与创新研究[M].北京：北京工业大学出版社，2021.

程和权限执行。

财务预算管理引领高校发展方向。通过将高校的资金流与实物流、信息流相整合优化了高校的资源配置，提高了资金的使用效率。但是高校全面预算能否真正发挥作用，影响因素很多，其中十分关键的一点是，高校领导层和管理层的思想认识、重视程度和带头作用。

高校领导层和管理层必须充分认识到高校全面预算对高校教学科研管理的重要作用，校长、书记、财务总监要亲自抓，负总责，成立精干领导班子，制订实施计划，明确目标，落实责任，加强监督，确保认识到位、组织到位、人员到位、工作到位，让高校全体教职员工从根本上认识和接受高校强化全面预算是保证教学科研活动正常进行的关键，是高校提高资金使用效率的支柱，树立较强的自我控制观念，并通过不断进行培训、教育、竞赛、奖惩等强化手段，让全体教职员工掌握学校全面预算职责，全面预算绩效是如何评价和考核的，以及评价过程中的绩效标准，才能从根本上使全体教职员工从思想上、行动上严格遵守和执行高校全面预算，最大限度地发挥全面预算在学校教学科研活动中的作用。

第一，加强预算部门的责任意识，细化编制工作。预算编制工作是一项大工程，马虎不得，每个部门乃至每个岗位人员都要做好自己分内的工作，努力尽好部门职责、岗位职责，这样才能保证整个预算编制机制顺畅运转并顺利完成预期工作计划。为了充分调动报表人员的工作积极性，可以将编制工作一再细化，落实到个人头上，让每个人都明确自己的职责范围。

第二，改变预算编制方法，提高效率。部分高校在进行预算编制时，缺乏从全局出发的意识，而只是简单参考往年预算执行数据，稍作变化填写当年的预算计划，这种敷衍的做法只会导致预算编制结果与实际发展方向背道而驰。这种预算编制方法会导致大量资金、人力、物力的浪费，需要优化。想要改进方法，提高效率，预算编制人员首先要及时跟进高校的整体战略布局。激烈的市场竞争下，高校每年都会适度调整教学目标和发展规划，如果预算编制人员不及时跟进，不宏观考虑预算年度的业务具体事宜，就很难有针对性地做出科学的、契合实际的预估数额。预算编制报表如果偏离了预算年度的发展规划，提高资金使用效率、优化资金配置的目标也就成了一纸空谈。

（二）把握好高校预算编制的依据和原则

高校预算编制环节是高校预算管理的起点，预算业务控制就是要保证年度预算编制依据合理、程序规范、要求明确、方法科学、内容完善、数据准确，保障学校收支平衡，妥善安排各项资金需求，确保学校年度工作计划和事业发展战略规划的实现。

以财政拨款为收入来源主体的高校应该严格执行国家预算法规、财政部相关预算编制的政策要求、上级教育主管部门的工作要求以及高校制订的预算管理办法，确保预算编制合法合规。高校千万不能忽视国家整体经济形势的变化，更要时刻关注政府财政增长的状况，唯有彻底掌握这些信息，才能做好高校财务的三年滚动预算和五年规划，而年度收入预算编制报表上的数据也就越发翔实、准确。每年的预算编制应以高校整体的事业发展规划及该年度的工作计划为基础，确定重点业务和项目，预算每项支出都要与具体的工作计划相对应，避免出入。预算编制过程中，具体的工作人员要牢记"量入为出、收支平衡"八字方针，每一个环节都要注意统筹兼顾、保证重点、厉行节约，不得编制赤字预算。

（三）明确预算编制的各项要求

高校建立财务管理体制需要遵循"统一领导，分级管理"原则，高校的财务预算编制工作包含学校和下属院（系）两个层面，这两个层面应当上下结合、分级编制、逐级汇总，明确每个层面在预算编制中的职责分工，最后由财务部门综合平衡，编制出学校的预算草案。强调预算编制的时限要求，高校预算编制从启动到批准下达有严格的时限要求，否则将会影响预算的执行，因此预算编制的各个环节必须严格按照规定的时间完成，不得随意拖延。

建立科学的预算编制方法，一是合理设置预算目标及指标，高校根据事业发展规划和年度工作计划设定预算将要达成的目标，借鉴财务管理目标来设置预算绩效考核指标，这是做好预算编制的前提。二是高校结合上一年度预算执行的评价结果，采用"基数＋适度增长＋绩效修正"的编制方式，科学合理地确定各单位、各项目的预算额度。三是要建立论证机制，对于基本建设、大型维修、大额物资采购等重大事项，应当组织相关部门和专家对项目的必要性、可行性、预算金额的合理性等内容进行科学论证。

第一，建立健全高校财务预算管理制度。创建一套科学合理、符合实际需求的预算管理制度，制定好标准，才能加强高校财务预算管理的控制力度。高校财务预算管理制度的制定包括事前控制、事中控制和事后控制。如果事前控制、事中控制和事后控制做得好，那么无论问题发生在哪一阶段，都能及时、准确地消除所有危险因素，迅速使不合规范的行为回到标准之内。这样一来，预算执行的最终结果将最大限度地靠近预算估值，因而被发挥得淋漓尽致。

第二，严格遵守费用报销审批程序。预算执行人员在报销相关费用之前，先要将报销审批的具体流程确认清楚，在具体报销的过程中严格遵守，避免出现逾规行为。而报销审批人员则应该认真对待每一张审批报销单，细心核对每一项数据，每一个信息，更要仔细核对报销名目，如果不与预算项目相对应，则说明这张报销单并不符合报销标准。

第三，借助信息化财务软件提高效率。很多财务管理软件十分先进，相关部门工作人员可以引入这些信息化软件，帮助查看各种烦琐的数据，及时了解预算执行的进度、费用支出情况及具体的报销额。更方便的是，运用这些软件能迅速调取往年的财务数据，这大大节省了预算执行人员的时间和精力，更提升了他们的工作效率。

（四）健全预算审批环节的控制措施

健全预算审批机制。由于高校预算实行两级管理，涉及多个预算审批机构，包括二级学院的党政联席会、职能部处的教务处、财务处、教代会、学校预算委员会或财经领导小组、校长办公会、党委常委会等，这些机构分别履行各自的审批职责，从低到高，逐级审批，层层把关，形成了完整的高校预算审批机制。在此过程中发扬民主、充分讨论、集思广益，民主理财、全员参与，确保预算审批环节严谨可靠。

明确预算审批权限。高校预算审批环节涉及校内多个部门和机构，每个机构在其中的权限是什么，应当承担怎样的审批责任，必须加以明确。比如，高校二级单位领导班子负责该部门预算的审批，财务处负责学校预算的初步审核，教代会负责预算听证，学校预算委员会或财经工作领导小组负责预算审议提出修改意见。校长办公会和党委常委会负责审定预算。通过明确各自的审批权限，高校就可以解决部门间权限重合或责任缺位问题，从而避免审批风险。

规范预算审批程序。高校应当按照内部控制的要求，规范审批流程，明确审批流程中的先后顺序、审批时限要求等。具体包括，校内各二级单位提出预算需求，报到财务处进行初审和汇总编制，财务处提出学校预算草案，征求教代会意见后，提交学校预算委员会或财经领导小组负责预算审议，再次修改后提交校长办公会审议，最后由党委常委会审定通过后，下达预算到各二级单位执行。

（五）严格预算执行环节的控制措施

高校为了最终达成预期的预算目标，需要严格执行环节的控制并尽量加快执行进度，确保预算按照批复的要求执行，确保资金使用合法合规。

批复后，由财务部门细化高校的预算并将预算批复下达到各下属院（系），各下属院（系）执行预算需要严格参照批复，不得随意篡改与超支。严格预算执行环节的控制包括三项具体措施：一要明确责任，每个使用经费的单位就是责任主体，要对预算执行负有直接责任；二是资金使用严格按照预算要求的项目和内容开支，不得随意变动开支内容，也不得擅自扩大开支范围，提高开支标准；三是预算执行不得超出批准的额度，不得超预算开支，更不能在无预算安排情况下就发生支出，事后再补报预算。

强化资金支付审核把关，一是高校应当健全预算资金支付审批办法，明确资金审批权限，规范审核程序。二是做好资金支付前准备工作，制订资金使用计划和论证方案，规范填写资金支用单据，及时提出支付申请。三要加强审核把关，二级单位负责人要认真审核本单位的资金支付，并对其真实性、相关性和合法性负责；财务人员也要加强审核，确保资金支付符合预算要求，手续完整齐备。

第一，预算执行的结果要接受监督。以往高校相关部门在预算执行完成后鲜少有将各部门执行进度、效果进行对比分析的情况，这其实是不可取的。明智的做法是，在预算执行后，相关部门应该就执行结果进行具体的分析讨论，并将其公布，这可以使不同部门的执行人员对各自的预算执行情况了然于胸。如此一来，执行过程中好的方面和不好的方面都显露出来，执行人员可以针对不好的、不合规的地方进行讨论，总结原因，规避错误，这能极大地提高执行效率。而各部门之间通过横向比较后，也能互相汲取经验教训，这样整个执行质量都能得到大幅提升。

第二，提高相关预算执行人员的专业水平。近年来，高校资金改变了过去的单一来源情况，变得越来越丰富多元，而具体的财务管理工作也随之变得复杂庞大，这要求相关财务人员的素质也要相应提高，否则很难适应这种变化。为了提高预算执行人员的专业水平，包括对项目费用的预判能力、预算执行能力等，高校要定期开展技能及素质培训课程，并组织大家积极参与。

第三，严格控制各项费用支出，杜绝资金浪费现象。执行预算方案的时候，相关执行人员要谨慎对待各项支出，必要情况要做相应的调查，直到确认各项支出费用都符合标准，不存在不规范的行为，数据也都准确翔实后才算审核完毕，否则不予审批报销。而且，在执行过程中，要避免资金浪费，尽可能地节约开支，并保证项目运行顺畅，最终圆满完成。

第四，加快预算执行进度。高校的预算资金往往有执行进度方面的要求，特别是国库资金的执行要求更加严格，一般要求在年内执行完毕。高校应当高度重视预算执行工作，加强组织领导，落实执行责任。制订预算执行计划，按月分解用款额度，及时支付款项。建立预算执行的奖惩机制，加强结转结余资金管理，制订盘活财政存量资金政策，加快预算执行进度，提高预算执行质量。

（六）强化预算调整环节的控制措施

为了确保高校预算的严肃性，学校预算下达后一般不予调整。但在预算执行过程中，由于特定原因的存在，也会允许一定的预算调整的发生，这也是确保预算顺利进行的必要举措，但是要从严控制。因此，高校要明确预算调整发起的因素和条件，具体包括：校内机构调整或职能转变，国家政策发生变化，外部环境的影响制约，工作任务发生变动，市场价格或标准发生变化等客观因素导致确需调整预算的，方可提出预算调整申请。

高校应当建立健全预算调整的流程，严格按照有关规定履行相应的预算调整审批程序。当确需进行预算调整时，预算执行单位首先要提出预算调整的书面申请，报学校财务部门审核，财务部门同意后，根据预算调整的内容或金额，有的上报分管校领导审批，有的需要上报校长办公会、党委常委会决定，有的项目调整还需报上级主管部门审批。

（七）重视决算环节的控制措施

高校决算环节的控制目标是保证年度决算报告编制及时准确，编制及审批程序明确有效，能够真实反映学校的财务状况和收支情况。

加强决算编制工作，一是高校应当建立健全决算管理制度，强化财务部门的决算编制责任以及相关部门的协助责任，明确各自的权限分工，明确决算编制的范围、内容和时限要求。二是确保决算编制准确完整，高校年终编制决算前，应当全面进行收入和支出核实、债权债务清理、对外投资核对、固定资产盘点、收入催缴及费用清算工作，这些工作应当由专门的机构及人员负责，并在限定时限内完成，确保财务信息真实、全面、完整。三是财务部门认真编制决算草案，决算应当符合法律法规的要求，做到收支真实、数据准确、内容完整、报送及时，确保决算编报质量。

高校应当加强决算审批工作，明确审批流程。决算草案编制完成后，财务部门应当进行内部会审，然后报送学校财经领导小组、校长办公会、党委常委会逐级审批，最后报送教育主管部门和财务部门审批；经批复后的决算及时归档保存。

高校应当加强对决算数据的分析，科学设置分析指标，分析的内容包括预算与决算之间的差异分析，不同年度间收入、支出、结余的变动情况，资金使用效率分析等。高校应当综合运用各种分析方法，对学校整体财务状况及校内各部门的财务收支进行横向与纵向比较，并对存在的问题提出改进建议，为来年预算安排及学校重大决策提供依据。

（八）做好预算绩效评价环节的控制措施

高校预算绩效评价控制的目标可以用一句话来总结，即"预算编制有目标、预算执行有监控、预算完成有评价、评价结果有反馈、反馈结果有应用"，它是一种全过程绩效管理机制。

为了创建一套完美的预算绩效评价机制，各高校首先应该将预算绩效评价工作列为重点，明确牵头部门和岗位分工，使绩效的理念深入人心，同时制定绩效评价管理办法，确定工作流程和工作范围，建立绩效奖惩机制，扎实推进此项工作。

编制预算绩效评价目标是进行绩效评估的先决条件，包括绩效评估内容、绩效评估指标及绩效标准等。绩效目标与工作目标有密切的联系，并且绩效目标是可以量化和可实现的。绩效目标的设定应当与预算编制同步进行，并随着预算批复一起下发，其体现的内容可以是总体支出，也可以是单项支出。

绩效目标评价与考核需要注意以下方面。

第一，完善财务预算评估标准。首先，要完善企业的财务预算评估准则，并按照规范的要求,对财务有关部门实施有效的监管与评估,并将评估的结果记录下来,列入高校的绩效评估中,使其作为学校绩效评估的一部分。依据最终评估的结果,对评估对象给予相应的奖励和惩罚。

第二,强化监管。对高校财务和预算管理工作的各环节进行监管。高校可以成立一个专门的内部审计部门,用来监督财务预算管理,查找漏洞,弥补损失,如果有需要,还可以提出改进方案。也可以委托校外的审计部门来完成。审计后在校内公布审计结果,使各部门及个人都能够参与其中,从而增强公众监督管理力度。

第三,负责上述步骤的牵头部门要及时将评价结果反馈给执行单位,以助其实现改进工作、完善管理的目标,进而提升高校管理层的管理水平。

第二节 高校财务资产管理

国家和政府将大量的资金以项目经费的方式下发至高校中,人们会明显地看到高校的办学环境、教学设备、师资队伍等方面有了较大改善,高校的办学条件和面貌发生了很大变化。同时,项目经费的使用与管理问题,也更为突出地进入了人们关注的视野中,成为关注的焦点。

高校组织规模巨大,结构层次繁多,业务活动复杂。专门的机构为学校项目经费领导小组。专门的制度是关于项目申报、评审、管理的相关规定。随着高等教育事业的迅猛发展和办学形式的日益多样化,高校资产规模急剧膨胀,资产构成日趋复杂,管理难度越来越大。

一、高校资产业务的组织管理体系

高校资产一般实行"统一领导,归口管理,分级负责"的管理制度,统一管理是指资产管理实行校长负责制,分管副校长协助校长工作;归口管理是指按其不同形态和分类,由相关部门归口管理;分级负责是指学校、管理部门、使用人分别按不同职责管理或使用资产。

高校资产业务的组织机构包括使用部门、归口管理部门、监督部门。其职责如下。

（一）使用部门

资产使用人对资产的日常保管和使用负有责任，对其进行合理利用，以达到最佳使用效能；维护组织内财产的安全和完整，防止损坏和遗失；如有资产不正常现象，应及时向上级主管部门汇报，并与业务主管单位及财务部共同做好资产的清查、盘点和评估工作。

设备管理员负责设备的登记和管理工作，并与财务和资产管理部门联系和协调。

分管资产负责人是对设备日常管理的第一责任人，对其所管理的资产的安全性和完整性负责，健全其对资产的日常管理办法，防止资产的毁损和丢失，督促各部门的资产管理人员对资产进行有效的管理和使用。

（二）归口管理部门

资产管理处负责固定资产与实验材料等实物资产的归口管理工作。代表学校对学校房屋、土地进行管理，负责公务车辆的编制、购置、转让、报废及资产台账管理。代表学校对设备家具类固定资产实施统一监督管理，负责实验材料的计划管理和采购供应工作，负责全校物资的统购管理和安全监管，对低值耐用品实施统一监督管理；负责固定资产的定期盘点，保证账实相符；配合财务处的资产管理工作，定期与其核对信息。

财务处负责货币资金的归口管理工作。负责库存现金的日常管理；负责银行账户的开立、变更、撤销及日常管理；负责国库指标支付的操作和银行资金的收支；负责银行账户的日常管理，包括凭证传递和对账工作。

校产业管理处负责制定学校经营性资产管理的规章制度，并组织实施；负责经营固定资产、流动资产、无形资产、对外投资和其他经营资产的登记、统计、评估、检查。对学校各种经营资产的管理、使用及变动进行调查；对经营资产的运用及保值增值进行监督；组织开展商业项目的可行性论证；组织拟对外投资的科技成果，开展委托鉴定、评价、审批、合同履行、资产运营收入追缴等工作。

（三）监督部门

审计处负责本校资产控制工作的监督检查。

二、高校资产业务控制目标

高校项目经费管理中存在较大问题的根源在于对项目经费缺乏专门的机构、专门的制度进行管理和规范。建立专门的机构、制定专门的制度对其进行管理，是有效管理与控制项目经费的重要措施。

（一）资产业务组织管理体系控制目标

建立健全学校资产管理体系，明确部门职责，落实部门责任；建立和完善资产管理的各项规章制度，按制度管钱管物，使之有章可循；完善资产管理的业务流程，使之运行规范有序。

（二）应收账项业务控制目标

制定科学合理的应收账款信用政策，保证资金的安全；规范过程控制，合理保证应收款项安全快速回收，降低资金流失风险；确保应收账项业务会计核算资料准确可靠、余额真实准确；规范应收账款处置行为。

（三）存货业务控制目标

合理配置存货，提高存货的使用效果；确保账实相符，信息真实完整；规范存货购置、管理、领用行为，防止存货舞弊。

（四）固定资产业务控制目标

合理配置资产，提高固定资产使用效果；规范固定资产购置程序，严格招投标管理；确保账实相符，信息真实完整；确保固定资产处置规范有序，避免资产流失。

（五）无形资产业务控制目标

确保无形资产的取得、使用和处置管理符合法律法规，避免学校承担法律风险；维护无形资产的价值，提高无形资产的使用效率，防止无形资产流失和被盗用；加强和规范无形资产管理，正确反映无形资产的价值。

三、高校资产的类型

（一）货币性资产

高校以货币形式存在的资金，主要有现金、银行存款及其他货币资金等。学校在学费和其他收费项目中都会形成货币基金，在每天的运营活动中会产生货币支出。在高校的日常经济往来中，货币资金的应收应付与实收实付之间，通常都不是实时进行的，而是存在一定的时间间隔，这就是结算核算产生的由来。

（二）固定资产

固定资产是指为了保证高校的正常运转，学校持有的，使用年限在12个月以上，并且具有特定价值的非货币性资产。主要包括房屋、建筑物、专用设备、办公设备、运输工具等。高校固定资产是学校最重要的一项资产。

固定资产通常具有较高的价值，具有较长的使用寿命，能够长期重复使用。虽然会随着时间的推移而发生磨损，但却不会改变其本身的实物状态。

（三）无形资产

无形资产是指没有具体形态但能带来经济利益的财产。它主要包括土地使用权转让、商标转让、专利权转让、非专利技术转让、版权转让、商誉转让等。高校的无形资产是学校所拥有或掌控的，无实物形态的资产。高校的无形资产主要包括专利权、商标权和购买的教学软件等。

四、高校资产业务控制的具体措施

资产是高校教学、科研和发展的基础，也是学校可持续发展的物质保证。目前，资产管理已成为高校管理的一个重要组成部分，其功能已由单纯的对教学科研仪器设备等固定资产的管理，逐渐转向对全部资产进行全生命周期的管理。

（一）建立和完善资产管理制度

对高校国有资产实行"统一领导，归口管理，分级负责"的管理制度。在此基础上，学校还设立了资产管理委员会，由负责资产管理工作的学校领导兼任，副主任由资产处处长兼任，成员由校长办公室、财务处、监察处、审计处等单位构成。学校资产管理委员会的工作职责有：根据有关的法律、法规、规章，对学校的各项资产管理制度进行审查，并监督其实施；审核学校资产最优分配计划，促进学校资源共建共享机制建设；对在资产监督和管理过程中发生的重大问题进行协调；监督管理学校资产的流转、资产的保值和增值；就学校对外投资和出资等重大问题提出建议；指导和监督各资产归口管理部门的工作。将资产按照不同的形式和类别，纳入有关部门的统一管理。本部门、本单位管理或使用的国有资产的安全性、完整性和使用的有效性，由各资产使用部门、单位负责人和使用人负责。

高校应该建立适合自身发展的内部控制制度，真实完整地记录各项资产信息，保证资产管理业务涉及的货币资产、固定资产、存货、无形资产和对外投资控制环节有据可查无漏洞。高校内部控制制度的建立应该严格遵守"资产业务不相容岗位相互分离、制约和相互监督"的原则，特别关注关键岗位人员合理配置，明确职责范围、审批权限、工作要求等，防范资产损失或舞弊行为，保护资产安全、完整。

（二）加强货币资金业务控制

对货币资金实行归口管理，没有授权的部门和人员，都不能从事货币资金业务，也不能与货币有任何接触。出纳人员不能是临时的。印鉴要分开保管，财务专用章要有专门的人来保管，个人名章应该是由本人或者本人的授权人来保管，负责保管印章的人员要配备单独的保险箱之类的保管设备。

建立不相容岗位相互分离的岗位制度，支付的审批与执行、货币资金的保管与盘点清查、货币资金的会计记录与审计监督等岗位要实行分离，如出纳人员不得担任稽核、会计档案保管和收入、支出、费用、债权、债务账目的登记工作。履行资金审批程序，按照资金额度大小实行审批，重大资金流出需经分管财务校领导、校长签字审批。

依据高校资产业务管理原则，高校银行账户的开立、变更、撤销，应由专人管理，并由专人定期核对。加强银行账户管理，专人管理银行账户。对已失效的银行账户及时销户，防止多头开户现象。加强货币资金及时盘点，及时核对银行账户资金、货币资金，防止违规转移或隐匿资产现象。

（三）加强应收账项业务控制

为加强应收账项的管理，财务处应建立各类应收账项的备查账制度。各应收账项的归口管理部门积极配合财务处建立健全各类应收款项的备查账，堵塞各种漏洞，协助财务处做好催收工作，维护学校利益。归口管理部门按照学校规定或合同约定的时间和标准按时、足额收回应收账项，并进行跟踪管理，定期做好催缴工作，及时向财务处反馈收缴信息。

财务处指定专人负责应收账项的清理，并采取"定期催报，限期归还，逾期扣款"等措施，严格控制应收账项的总额和占用时间，努力提高资金使用效率。

财务处和归口管理部门应对应收账项进行跟踪管理，定期做好催缴工作，逾期三年以上，有确凿证据无法收回的应收账项，财务处编制清理报告，提出处置方案，按规定的权限和程序报教育主管部门和财务部门审批后予以核销。已核销的坏账，学校仍然保留追索权，应单独设置备查账。

（四）加强存货业务控制

高校实施资产业务控制需要合理编制存货采购计划与预算，实验材料、低值易耗品供应实行计划管理，对应用于教学实验的实验材料及低值易耗品应由各科室根据需要上报品种与数量，由学校依据购置经费预算统一安排及采购，从科研经费材料费项目开支。购置的用于教学的实验材料、低值易耗品由学校统一存放，计为存货，各科室根据需要领用，管理人员发放时做好记录并报给财务处，财务处设置各使用单位的"实验材料经费"项目，用于科研的实验材料、低值易耗品的购置经费。

存货一般由资产管理处组织采购，由使用部门根据需要申报计划，确认经费来源，资产管理处统一采购和供应。危险化学品采购由使用单位提出申购计划，经使用单位负责人签字加盖公章后，报资产管理处审批，保卫部门备案，公安管理部门办理准购证后统一组织购置。规范验收程序，确保账实相符，实验材料、低值易耗品入库必须认真组织验收。

（五）加强固定资产业务控制

完善固定资产配置申请制度，购建固定资产，要按学校的发展规模、专业设置、科研方向统筹规划，制订建设计划，按照程序报批。防范资产购置不符合单位实际需要，造成资源浪费和损失。固定资产采购有其严格的程序要求，单件或批量超过一定金额的还需要走政府采购流程，进行招标采购。高校应当明确采购流程，并严格按照流程进行。

明确资产验收职责，规范验收程序。学校固定资产验收由资产归口管理部门根据合同、招投标文件及有关标准组织实施验收，资产使用单位、资产归口管理部门等应参与验收。明确固定资产验收标准，认真编写验收报告，对验收中存在的异常情况及时处理。验收合格后，由资产管理处及时办理入库、编号、建卡、调配和投保等手续，财务处登记财务账，确保账实相符，防止或防范资产购置损失。

(六)加强无形资产业务控制

高校对无形资产的经营控制,主要包括对高校的无形资产进行评估、核算等财务管理,以及对无形资产的开发、保护、利用等方面的经营管理。强化高校的无形资产管理,可以增加高校潜在财富,促进高校科技发展,增强高校知名度,提高高校竞争力,增强高校综合实力,促进科技成果转化为生产力,提高经济效益,维护学校的合法利益。高校对自己研发的无形资产,要按照法律规定,及时登记,明确其产权关系,依法确定由此产生的无形资产的归属权。

对于预计无法给学校创造效益的无形资产,应当做报废报损处理,由财务部门按照相关手续对其账面价值进行核销。对无形资产的处理要遵循平等、合理、公开、公平和合法的原则,避免在处理过程中造成无形资产的损失。

(七)加强对外投资业务控制

对外投资项目的筛选工作由学校产业管理处来完成,这些项目必须与国家产业政策、学校发展战略要求以及社会需求相一致,要经过严谨细致的论证,并组织专家或有关第三方评价机构对拟立项的对外投资项目进行分析和论证;财务部门要对投资项目所需资金、预期现金流量、投资收益、投资安全等方面进行评估与分析。由资产管理处牵头组织专家进行风险性评估和合法性审查,提出鉴定意见,经资产管理委员会复核提出意见,报分管校领导审核后提交学校教代会讨论,经学校党委会审定、校长审签。

对外投资项目立项通过后,由财务处负责向教育主管部门及财务部门报批,根据批复的投资计划对实施的投资进行财务核算,及时、全面、准确地记录对外投资的价值变动和投资收益,保管投资权益证书文件,及时收取投资收益及不定期对账;校产业管理处负责办理投资手续,对投资项目进行跟踪管理,定期核对投资结果情况;负责所投资项目的跟踪管理,按投资协议及时足额收回投资资产,提前或延期收回的,应报经校党委会审议批准,并向教育主管部门及财务部门备案。

学校投资的校办产业无法继续经营,应对其进行注销或股权转让,并依法依规到教育主管部门、财务部门等办理相关注销、转让手续。同时,财务处应依据注销手续注销对外投资的账面值。

总之,健全高校财会人员选人用人机制,加大财会人员管理与培训力度,提升财会人员整体素质，突出财会人员在高校经济管理工作中的核心作用，保证财会人员正确履行工作职责是建设现代化高校财务的关键所在，高校一定要把财会人员管理与培养作为经济管理的一项长期工作，才能确保会计信息的真实、合法，才能真正发挥财会人员"管家理财"的作用，为建设高水平现代化高校出谋献策，促进高校健康可持续发展。

第三节 高校财务成本管理

一、高校教育成本分类

按照高校中教育成本和学校支出之间的关系，和高校的支出分类进行比较，高校的教育成本包括：教学成本、科研成本、教辅成本、行政成本、学生成本五项。

（一）教学成本

所谓教学成本，实际上就是高校教学支出的一种，是为了保证教学活动的顺利实行，在提供教育服务时的费用支出总和。但需要注意的是，这种教学成本的支出不包含非学历教育等的支出，如果高校所实行的教育没有被包含在学校成本核算范围内，那么该项支出就不能被纳入教育成本中。对于高校来说，教学活动是其正常运营最基本的一项活动。通过对教学成本的核算，可以明确高校所提供的教育服务所在的教学水平，并且可以计算出高校资源耗费的数量。

（二）科研成本

科研成本是指高校的科研机构、国家和省部级单位组织的科研课题以及自费组织的科研课题等方面的支出。高校的科研活动是很复杂的，有的是专门为了教学服务而展开的科研活动，其目的是提高教学质量而不得不自己筹措经费；有的是为了技术转让、技术咨询而展开的科研项目，如科技产品的开发和研制等；有的是针对国家和省部级单位的重点项目而展开的科研活动，比如，社会科学基金项目、"973"项目、"863"项目等；有的是针对某些单位的特定问题而展开的科研活动。总之，高校的教学成本指的是拨给教学、国家级和省级的重大项目等方面的支出；而其他支出比如技术转让、科技咨询等过程中所产生的科研支出就不属于高校的教育成本。

（三）教辅成本

教辅成本是指教学辅助部门比如网络中心、图书馆和电教中心等所产生的各种支出。

（四）行政成本

行政成本是在高校中，随着学校的教研活动在行政管理部门中进行正常运转活动的各种费用的支出。行政成本的支出和成本核算对象之间的关系不明确，但却是高校正常运营不可缺少的支出项目，因此也应当被纳入高校教育成本中。

（五）学生成本

学生在高校学习过程中，高校为其正常生活和学习所发放的助学金和奖学金，被称为高校的学生成本。学生只有自身学习成绩优异，品德优良，才能获得学校的经济资助。对于学校来说，这是培养优秀学生产生的必要教育支出，因此这部分费用也应当被纳入高校教育成本中。

二、高校教育成本核算

（一）高校教育成本核算的含义

某单位为了实现自身的职能目标，进而产生的各项费用，被称为成本核算。成本核算的目的是向相关使用者提供成本信息，进而对成本核算对象的总成本、单位成本等进行分配、归集和计算。高校教育成本核算主要由两个方面构成：一是它的成本支出，包含各类费用，以及为培养学生所支出的费用；二是按照成本核算对象，采用某种方法，对学校的生均教育成本与教育总成本进行核算。

高等教育采用的是产业运作模式，所以成本核算是高校在政府和市场共同作用下必须进行的一个环节。因为高校为了提高自身的产业经济属性，以便更好地运作和管理，就要在开展各种高校教育活动时引进先进的教育管理理念，要深入研究市场，分析高校的投入和产出，进行成本核算等，使高校能有效提高管理效益。高校是事业单位，以人才的培养作为其中心，这是不同于企业的产品生产的，但是两者是有共同点的，就是都有投入和产出，所需的资源很多。所以，在市场条件下通过高校的教育成本的核算，能帮助微观办学和教育的宏观管理。

（二）高校教育成本核算的基础

高等教育成本核算是以权责发生制的财务会计数据作为基础的，为了满足成本核算的需求，有必要设置财务会计的科目明细和在辅助核算时进行成本核算。

高等教育不是为了盈利而设置的，主要是为社会培养素质高、有一定专业技能的人才，它在运作和管理中所需的资金是和政府的支助有关。所以要把握好各部门的预算，了解教育经费的使用情况等，通过高校的权费发生制得到想要的结果。所以，现阶段高校主要采用权责发生制，权责发生制是我国财务管理改革的进一步推进，有利于提高高校的财务管理水平。当前，我国政府采购正在逐步扩展自身的采购规模与范围，由一般商品的采购与服务向工程采购转变。而在大宗商品的采购中，经常会出现跨年度的情形，如果已经实现了收付相抵，那么对于那些在当期发生但没有支付的部分，会存在预算的资金和实际情况不相符的情况。而采用权责制则可避免上述问题的产生，是一种更科学合理的核算政府资金采购的办法。而且，通过权责发生制，能准确地反映其应付未付和应收未收的收支信息，有利于高校加强现金流的预测，提供给高校及时而可靠的信息，帮助高校管理好现金。

（三）高校教育成本核算的基本原则

高校在核算教育成本的时候，要严格遵循《事业单位成本核算基本指引》，具体包括以下六个原则。

第一，相关性原则。它指的是单位必须在成本核算的相关要求和规章制度下，选择成本核算对象，汇总和整理成本项目，以便生成的成本信息可以供使用者进行评估或决策。

第二，可靠性原则。它指的是单位在进行成本核算时，必须确保经济交易或事项是真实存在并发生的，这样才能保证成本信息是真实、可靠和完整的。

第三，适应性原则。它指的是单位进行的成本核算必须符合其所在行业的特点，要满足行业成本信息的需求。

第四，及时性原则。它指的是对于已经产生的成本信息，单位要及时地进行收集、处理和传递，以此为信息使用者做出正确的评估和决策提供可靠依据。

第五，可比性原则。它指的是同一单位在不同的时期，或是处于相同行业的不同单位，在对相似的成本对象进行核算时，应当使用相同的核算方法，或是确保核算依据的相同，这样才能在得出核算结果后进行横向或是纵向对比。

第六，重要性原则。它指的是单位在进行成本核算时，应当分清核算对象的主次关系，在对重要或是关键的对象或项目进行成本核算时，必须确保使用的成本信息是准确和完整的，而对次要的对象或项目进行成本核算时，则可以依据实际情况，适度简化核算过程。

（四）高校教育成本核算的基本内容

教育成本的核算和高校的经费支出并不是一个概念。教育成本核算也不同于一般的成本核算，和高校的日常支出核算也存在区别。究其原因，发现高校的教育经费支出不但包括教育培养方面的，也包括离退休人员的工资等，他们在教学中不承担教学任务，所以原则上他们的工资应该计入教育成本。

1. 确定教育成本核算对象

教育成本的核算对象是其费用归集后的对象。它还包括耗费教育资源后的受益者。

2. 确定教育成本核算期限

成本核算期限要保持和"产品"的生产周期一致，即：人才培养周期是通过学制来确定的，因此，对人才培养成本的核算周期就是学制年限。这一过程通常时间比较长，如果把这一段时间视为人才培养的唯一费用计算周期，则不利于强化成本控制。因此，应将学校的学期、学年的活动综合考虑，在核算成本的期限时，要以学期或学年为基准。

3. 确定教育成本开支范围

教育成本核算是指归集费用并分配费用。要想正确做到上述要点，就要执行权责发生制，即谁受益谁承担的原则来规划费用的归属期，并且分担到每个受益对象。只要支付本期成本所需的费用，但是不能计入本期成本中，各成本对象的费用管理是根据成本受益原则来分摊每个成本对象是不是受益和受益多少。依据的原则是受益者分担成本，未受益者不承担成本，并且受益越多，其承担的责任就越多。具体包括以下几种费用界限：

第一，区分资本性支出费用和收益性支出费用。在高校的支出费用中，经常性项目的支出，比如办学中人员的费用和公用费用等就属于收益性支出；而因为固定资产、无形资产等长期资产而产生的费用支出等就是资本性支出。

第二，区分哪些费用要计入教育成本和哪些不用计入教育成本。在高校中，科研、基建和教学等费用都是费用支出的重要组成部分。但是对于教育成本来说，主要指高校为了培养学生而耗费的资源支出。

第三，区分应当被纳入本期教育成本的支出。学校在核算教育成本时，首先应当依据权责发生制，对成本核算对象的发生时期和费用进行准确区分。由于成本发生时期不同，所需的费用计算也会产生很大区别。为了提高学校人才培养成本核算的科学化，需要依据权责发生制的要求，明确经费发生的受益期，在进行费用分摊时，应当依据"谁受益谁承担"原则。

第四，区分成本对象间产生的不同费用。高校在进行教育成本核算时，应当在受益原则的指导下，根据不同专业、不同年级的学生教育成本，来对成本对象间的教育成本费用进行划分和核算。

4. 登记教育成本费用明细账

对于每个教育成本对象所拥有的成本，一般都要对它的明细进行核算、分类。在核算教育成本时，根据不同类型的费用，对成本核算对象进行明细的成本分类，再选择正确的会计科目和记账方法，分门别类地记录，并要求数据全面而真实，能反映高校教育成本的实际支出，并计算出成本对象的成本。

三、高校财务成本控制

高校承担着人才培养、科学研究、社会服务和文化传承四大任务。虽然高校的资金来源主要依赖国家财政拨款和被服务者缴费，不以盈利为目的，但这并不意味着高校不存在"投入与产出"的概念和过程。国家向高校拨款，当然希望高校能够培养出"德才兼备"的合格人才，希望能够产出可以推动社会进步的"科学技术"。高校中的不少科研团队、大牌知识分子和项目负责人手上都掌握着数百万乃至数千万元的科研经费。名牌大学的二级学院（实行校院二级管理）负责人手上掌握的运行经费甚至可以达到上亿元。

高校的二级学院（包括各部处）、研究院（所）、实验室都有收支活动，无论是使用纳税人的资金（财政拨款），还是使用被服务人的资金（消费者的缴费），各资金使用单位的最终"产出"至少都应该达到最初"期待"的要求。现今，越来越多的民间资本进入高等教育领域，高校的经营模式日趋多元，高校管理与企业管理的界限逐渐模糊，事业单位企业化管理是当今社会的一股潮流。

由此可见，无论是企业还是高校，在市场经济的前提下都会发生经济活动，任何经济活动都应当权衡"实施成本"与"预期效益"，以适当的成本实现有效控制。高校同企业相比，对待"成本效益"的区别在于，企业需要进行成本与效益匹配账务核算，高校则不需要这方面的账务核算。虽然高校不需要成本效益账务核算，却依然需要用"成本效益"原则去指导职工的行为，用"成本效益"原则去评价职工的工作绩效。原本行政事业单位内部控制的客体就是单位的经济活动，必然需要考虑经济活动的特质，离开"成本效益"原则，内部控制制度的设计、实施和监督就失去了动力。"成本效益"原则是内部控制的灵魂，高校的内部控制同企业内部控制一样，不能没有"成本效益"这一原则。

没有最完美的内控，只有最适合的内控。一般而言，单位应该将错误或潜在风险可能造成的损失和浪费控制住或控制在可以接受的范围内，然而，在实际工作中，一些理想的内部控制往往会因成本过高而最终被迫放弃。例如，在高校里，理想的工程造价应该经过如下程序：首先由基建后勤部门的专职造价管理人员进行初审，然后提交审计部门进行造价审计，最后委托社会中介机构进行结算审计。完善的造价岗位配备和完整的审核流程，对于工程项目多的高校是非常必要的，但对于基建工程量小的职业学校，未必都会配备足够的工程造价人员，因为专设造价审核岗位支出往往比工程费用审减数额更高。

四、高校财务成本管理的建议

无论是企业还是高校，在市场经济的前提下都会发生经济活动，任何经济活动都应当权衡"实施成本"与"预期效益"，以适当的成本管理实现有效控制。高校同企业相比，对待"成本效益"的区别在于：企业需要进行成本与效益匹配账务核算，高校则不需要这方面的账务核算。虽然高校不需要成本效益账务核算，却依然需要用成本管理原则去指导职工的行为，用成本管理去评价职工的工作绩效。

（一）更新成本观念

作为现代成本管理中的基本意识，成本意识在学校管理中同样重要，这就要求学校管理人员要对成本管理和控制引起重视。学校管理人员应该将成本意识引入学校的各个部门，帮助全校人员树立成本控制观念，形成"组织化成本意识"，从而降低学校的运营成本。要从战略布局的高度对此加以考虑，确立长远目标，应具备以下两种观念。

1. 成本效益观念

要将成本效益观念作为高校一切成本管理活动的出发点，构建"投入"与"产出"的统计模型，通过分析和对比，对成本的合理性和必要性进行确认，从而降低学校的不必要成本，实现创造更高价值和社会效益的目标。值得注意的是，降低不必要的成本与单纯的降低支出不同，前者更注重成本的利用效率。例如，为了增加学校某一区块功能而进行额外投资，虽然增加了成本，但产生的效益更大，这样的成本增加是符合成本效益观念的，可以说成是"为了省钱而花钱"。

2. 成本动因观念

在对各种成本动因的分析过程中寻找成本控制的新途径。要充分发挥人的主观能动性，使学校的每一个人树立成本管理意识，此外，学校职工的综合素质、工作态度和能力等，都对高校的成本效益产生重要影响，如老师的教学能力提升了，学校的教学效率和社会效益会更高，这种成本驱动因素的潜力是巨大的。

（二）引入作业成本法

"产品消耗作业，作业消耗资源"是作业成本法核心。通过作业成本法来对高校财务成本进行管理，其特点主要表现在两点：第一，核算的重点是作业，在作业层面展开成本核算；第二，在对作业过程中产生的间接费用进行核算时，需要明确引起产品成本产生的动因，然后依据动因的产生来对间接费用进行分配，在对最终产品的成本进行分析比较确认后再进行成本核算，确保核算结果准确。在高校财务成本研究过程中，可以将高校看作一个生产部门，优秀的人才就是其生产的产品。在高校这一生产过程中，需要经过若干流程和环节，根据成本管理需求和经济效益原则，又可以将这些环节看作一项或是几项作业，每一项作业的进行都会产生相应的成本，也就是高校财务要核算的成本。

（三）建立成本管理体系

高校在进行成本管理过程中，需要按照一系列的成本管理行为标准来开展相应的活动，这就构成了成本管理体系。成本管理体系是由多方面的成本管理规范所构成的。从理论规范的角度来看，包括成本管理目标、成本管理原则、成本要素、成本核算基本前提、成本信息处理程序和方法等；从技术角度来看，包括对成本核算实务处理提出的要求和准则、方法和程序及成本管理职业道德规范等；从法律角度来看，包括与成本管理有关的法律和教育法规等。

第三章 高校财务内部控制研究

第一节 高校财务内部控制的内涵及方法

一、高校财务内部控制的内涵

从历史的角度来看，最初的内部控制实质上是一种会计控制。自20世纪60年代以来，内部控制主要被分为两大类：一类是内部会计控制，另一类是内部管理控制。内部会计控制是指对高校资产、材料的安全、会计信息的真实完整与合法等方面进行的一种控制；内部管理控制是指为确保学校方针和政策的有效实施，提高学校的经济性和效益性，并对高校的办学目标进行有关的控制。

从静态角度看，内部控制包括内部控制环境、风险评估、控制活动、信息与沟通等，是为了预防和控制经济活动风险而建立的一种内部管理体系，体现为各种内部管理制度以及实施制度的控制措施和程序。从动态角度看，内部控制是指通过制订制度、采取措施、实施步骤等，对单位内部进行自我约束和调节，以达到运营目的。内部控制处于一个不断优化和完善的循环过程中。

本书所指的高校财务内部控制，是指高校制订并执行的一套财务管理制度、执行程序和制衡措施，以保障学校财产的安全和高效利用，提高学校的经济和财务活动，保证财务法律、法规和学校管理方针和政策得到贯彻执行，并能及时地发现管理上的缺陷，有效地防止舞弊和贪污，避免各种经济风险，确保财务信息的真实性和准确性，提高学校的资金使用效率和整体管理水平，达到高校办学目的。从目前高校改革发展和经营管理现状来看，高校财务的内部控制主要是以内部管理控制为主，涉及的内容丰富，范围广泛，并且有明确的目的和针对性。加强高校财务内部控制，是保证高校持续健康发展，优化内部治理结构，确保高校资产安全性与有效性的有效措施，有利于高校财务管理与监督功能的充分发挥。

二、高校财务内部控制的原则

结合新形势下高校经济活动和业务活动的特点，以及高校财务内部控制实际情况，高校建立和实施财务内部控制应当坚持以下具体原则。

（一）单位负责人负责原则

作为财务内部控制的重要主体之一，学校主要负责人不能独立于财务内部控制之外，要起到带头作用，在财务内部控制制度的构建、有效运行和监督管理等方面起到主导作用，要肩负起领导责任。

（二）合理合法性原则

高校的财务内部控制，要根据国家的相关法律法规，根据单位的具体情况，根据学校的经济活动，以及经营需要，对内部控制措施进行改进。高校财务内部控制制度的建设与应用，要贯彻落实国家的有关法律、法规、方针、政策，确保制度实施的有效性。各高校的财务管理状况不尽相同，因此要想建立一套固定统一的财务内部控制体系是有一定难度的。

（三）全面系统性原则

财务内部控制体系要覆盖与会计工作有关的每一项经济业务和有关岗位，并且要将这些重要的控制点，落实到决策、执行、监督、反馈等各个方面。这表明财务内部控制制度具有全面系统性。其中，全面性有两方面的含义，一是本就应该设置的财务内部控制制度都已设置完毕；二是要从始至终都对经济活动的整个过程实施监控。如果不能做到全面的财务内部控制，那么就谈不上内部控制的有效性。财务内部控制要贯穿于高校管理的各个方面，覆盖各职能部门、各岗位，杜绝漏洞，完整的会计记录控制体系是整个会计控制的核心，主要包含健全的凭证系统、完备的记账制度、严格的核对制度、合理的会计政策和流程等。

既要遵循全面性原则，又要考虑系统性，就是要用系统论的观点和系统方法的整体性、全面性、层次性、关联性和动态平衡的特点，构建交叉的内部控制网络和多层次的控制体系。

（四）成本效益原则

成本效益原则是高校在开展各项工作时应遵循的一项基本原则。从财务内部控制的观点来看，越是复杂和严密的环节，内部控制产生的效用就越大，但其建立、维护和修改的成本也越高。一般来说，不同的控制步骤与方法所花费的成本，应该不会超过因失误或潜在危险而引起的损失与浪费。高校实施财务内部控制措施，其本质上是要通过健全的内部控制制度，来降低成本、减少人为失误，使学校的资产最大限度地得到保障，提高学校的办学效益。

如果实施一项制度的成本超过了它的收益，那么该项制度也就失去了存在的意义，并且不会被学校领导所认同。因此，高校在设计、建立和实施财务内部控制制度时，既要有选择性地进行控制，认真地选取各个控制点（过多则不经济，过少又会使控制系统的效能丧失），又要尽可能地减少控制的各项消耗，不能过分注重严格和完整，而是要尽可能地精简机构和人员，完善控制方式，精简烦琐的程序，减少重复工作，提高工作效率。成本低、效率高的控制制度，才是高校所期望的、行之有效的控制系统。

本书认为，以全面控制为前提，高校财务内部控制必须以重大经济行为和重大风险为重点。在高校运营管理中，运用成本效益原则，可以准确地把握高校运营活动中的主要控制环节和重大风险，制订切实可行的控制方法，进行有效的管理。

三、高校财务内部控制的方法

高校财务内部控制方法是指财务内部控制的机制，为了把一项经济活动的风险控制在一个可接受的限度内，按照财务内部控制的原则，在风险评估的基础上，针对风险点选择的措施和程序。高校财务内部控制除了实行预算控制以外，还可以采用内部授权审批控制、资产保护控制、会计制度控制和信息内部公开等方式。

（一）内部授权审批控制

高校在常规授权和特别授权之外，对学校内部各单位、部门或岗位在日常管理或是业务办理过程中，赋予其一定的权限范围，并对审批流程及负责的岗位职责进行了细致的规定，这称为内部授权审批控制。内部授权审批控制在具体实施过程中，要对各个岗位在办理不同流程或是事项中所拥有的权限范围、审批流程或是相关责任进行详细确认，并且在遇到重大事项时，要进行集体决策。此外，在内部授权审批控制下，相关人员的业务办理和职权行使，必须在权限授予的范围内进行。

高校在进行财务内部控制的过程中，首要采取的措施就是进行授权审批控制，其不仅会影响高校教育资源的配置，并且对学校内部资产的使用效率也会产生重要影响。高校在建立内部授权审批体系之后，可以明确各部门和人员的权责，对活动实施进行层层把关，减少财务风险的产生。单位在内部经济活动中，通过实行内部授权审批控制，可以对各岗位在办理业务的过程中所拥有的权限范围、审批程序以及有关职责进行明确界定，确保相关人员在工作过程中可以在自身的权责范围内进行，并严格按照审批程序进行业务的审批活动，防止出现未经授权就开展业务或是越权情况。

高校在授权的过程中，必须以相关的法律、法律作为依据，然后通过书面的形式通知涉及的相关人员。有关人员在授权确认之后，必须在授权的范围内行使职权，如果所接触的事项超越了权限范围，那么工作人员有权拒绝办理该项业务并向上级汇报。高校在运营过程中，如果遇到重大事项，包括重大决策、重大人事任免、重大款项的拨付等，必须组织会议进行集体决策，以此保证决策的科学性，防止出现单独决策或是集体决策被更改的情况。

（二）财产保护控制

保证学校的资产安全，提高资金的使用效率，是高校进行财务控制的首要目的。高校在日常运营过程中，想要达到这一目的，就必须建立资产日常管理制度，定期清查学校资产，通过资产记录、实物保管、定期盘点、账实核对等方式确保学校资产的安全。

资产记录、实物保管和处置报批，这三方面是学校资产日常管理的主要内容。其中，资产记录控制指的是学校要对内部的资产建立资产档案，对所有的资产信息进行登记、分类和汇总，这样不仅可以对学校资产实行有效保护，同时也可以为资产管理提供信息支撑。实物保管指的是对于资产的保管与使用，学校要负起责任，并且要制定相应的资产使用和保管条件，尤其是对一些重要资产还要采取保险措施，防止因事故造成财产损失。处置报批控制指的是学校在对资产进行调整、出借和处置时，必须依据国家资产管理的有关规定，明确审批权责和权限，防止出现未经授权审批就对资产自行处置的情况。

此外，高校还要定期清查内部资产，通过定期盘点、账实核对等手段确定现有资产的实际数额，最后还要将盘点结果与资产台账、会计账簿对照，发现不同之处要立即找出原因，并在国家相关规章制度的指导下予以处理。

（三）会计系统控制

高校财务内部控制的一项基本目标，就是要确保财务信息的真实性与完整性，会计系统控制的实施，就是实现这一目标的有效手段。

高校应从五个方面强化会计系统控制：

第一，要进一步完善高校的财务管理体系。

第二，要强化会计组织，提高会计人员的素质，使其具备与岗位需求相适应的能力素质。

第三，要对会计岗位进行科学定位，明确各个岗位的职责和权限，加强对会计岗位的管理。

第四，要加强会计人员的整体素质与专业能力的培养，保证会计人员的权利与义务的正确行使。

第五，要规范会计的基础工作，强化会计电算化，加强对会计档案的管理，明晰核算流程，依法依规开展会计工作。

（四）信息内部公开

信息公开控制是指高校在办学过程中，将通过一定的方式记录和保存的信息，向有关部门及社会大众公布的一种管理方式。"阳光是最好的防腐剂"，最好的监督方式就是公开和透明。高校应按照国家有关法律法规和上级部门的要求，结合单位的具体情况，制订和完善有关经济活动的内部信息公开制度。

第二节 高校财务内部控制过程解析

无论什么样的控制都是一种过程，高校财务内部控制也不例外，它包括建立、执行与监督三个过程。

一、高校财务内部控制的建立

高校财务内部控制制度的构建，主要是针对内部控制制度进行设计。内部控制制度作为内部控制的一种表现形式，反映了内部控制的理论、原则、方法和内容，以及实施和评价的依据，也就是说，没有健全的内部控制制度，就没有内部控制的存在。所以，建立健全财务内部控制制度，对高校进行内部控制管理具有重要意义。要建立健全高校的内部控制制度，必须明确职责分工，建立规范、健全的会计制度以及完备的人事管理制度。

（一）明确划分职责

实施内部控制，以责任分工为前提，这是实现高校财务内部控制的基本原则。所以，要想在高校建立内部控制制度，首先要建立一套科学的组织体系，对各部门的职能进行清晰划分，并对各职员的职责进行细化。职责划分的功能主要体现在：第一，当一个人负责某项工作时，另一个人可以进行核对，防止出现错误；第二，每项工作都要经过多人的共同努力才能完成，可以降低舞弊行为的发生概率。

职责划分所体现出来的两方面作用，可以达到保证资产安全和检验会计信息真实性两个目的。职责划分之后，每个人都有自己的职责，谁也不能推诿。具体来说，职责划分必须做好以下四方面工作：

1.绘制组织系统图

组织系统图反映了各职务在学校的地位，以及上下隶属或是纵横关系。通过组织系统图，可以了解特定员工对谁负责，由谁负责，部门与部门之间、个人与个人之间有怎样的联系。各高校都应该绘制组织系统图，用来显示各自的责任分工。

高校组织系统应该尽可能地精简，在把各部门和每个人的责任都清楚地划分出来的基础上，还应当能够灵活地指挥，紧密地联系在一起，提高工作效率，使组织的功能得到最大限度的发挥。

2. 编制职责划分表

高校业务很多，部门也多，应该把每个部门的职责划分清楚，让每项业务都由负责的部门进行办理，不会出现责任重叠，也不会被遗漏。如果一项业务需要两个以上部门合作，则应清楚地界定各部门的职责。可见，职责划分表的编制是实施职责划分的一种具体方式。

3. 制定工作说明书

工作说明书应对各岗位的工作内容、职责及应享有的权力等进行详尽而清晰的描述，避免相关工作人员互相推诿，要牢记自己的职责，防止出现越权决策的情况。

4. 制定授权规定

当一些事务需要授权他人处理时，应清楚地说明授权的范围和内容，以便相关人员遵照执行。

（二）设立标准

高校的各项业务活动都设定工作标准之后，工作人员在进行具体业务活动时也就有了努力的目标。根据这些业务标准评估员工业绩，制定相应的奖惩措施，对员工的工作积极性可起到很好的促进作用。

具体来说，制订业务活动标准时，有以下要求：

1. 标准要合理化

合理的工作标准，要兼顾工作人员的身体极限和使用物的物理性限制，即在持续工作过程中，工作人员应该有适当的休息时间，所用物品可以有一个合理的耗损率。

2. 标准必须明确

最好的办法是用数字来对标准进行规定，以便每个员工都能很好地理解。其中，最常用的就是预算，把高校所有的运营计划都用数字表现出来，就是运营预算。预算的数字表现形式并非只有金额，长度、重量、面积、能力等都可以用来表示预算。预算是一种实现工作和目的的计划，员工需要按照预算执行活动，便于预设目标的达成。各项标准均以数字明确表示，具有激励职工、提高工作效率、实现既定政策的作用。

3.标准必须具有激励作用

如果标准定得太高，就会导致工作人员即使努力工作也无法达到，削弱他们的工作积极性；如果标准定得过低，就会导致工作人员可以轻易完成，失去标准应有的激励作用。良好的标准是需要工作人员在适当的努力之后才能到达的，这样的标准才具有激励作用。

4.标准必须公正

设定的标准必须得到所有员工的认可，确保是公正、合理的，为每位员工所接受，并将其作为员工努力的目标和评价自身工作表现的依据。在高校的各项财务管理活动中，若能设立合理、明确、具有激励作用和公正的标准，那么每个工作人员就会按标准去努力，工作效率会得到大幅提升，高校制定的目标也更容易达成。

（三）建立适当的会计制度和人事管理制度

1.健全会计制度

为了达到内部控制的目的，会计制度自身也要具备对各高校运营绩效进行衡量的能力。具备该种效能的会计制度应当包含以下内容。

（1）适当的文件

想要详细记录高校各部门的活动，首先要设计一套文件模板。例如，财务部门在采购时，往往是从教务人员编制的购货发票或销货单上获得信息，如果没有这样一份文件，就无法记录和控制学校的经营活动。

（2）会计科目表

会计科目表是对将要用到的会计科目进行细分，并对每个科目的用途和内容作出说明的一种表格。有的学校会使用一套会计科目表及一份科目内容说明，前者限于总账科目的分项，后者则说明交易应记载的借方及贷方科目。

具体设置几个科目，则要根据学校对资产、收入和费用管理职责的划分来确定。科目分类通常是根据财务报表中所列出的项目来确定，所以应当把会计看作一种内部控制工具，每个科目的记录都代表各监督者及职工的责任。

（3）会计政策及程序手册

每一组织，不论规模大小，均有一套将交易加以研究、分析、记录和汇总的方法，这些程序必须通过书面形式进行说明，以便后期修订。例如，对于会计处理程序来说，就需要通过书面的形式进行明确规定。

（4）成本会计制度

成本会计制度是一项关于开展成本会计工作的规章制度。其内涵和外延都会随经济环境的不同而发生变化。在商品经济背景下，对成本预测、决策、规划、控制、核算、分析和考核等方面都作出了相应规定，其对成本会计工作的整个流程都起到了指导作用，因此又被称为广义的成本会计制度。具体的成本会计制度包括：关于成本预测、决策制度，关于计划（或标准成本）成本编制的制度，关于成本核算制度，关于成本控制制度，关于成本分析、考核制度，等等。成本会计制度至少有两项基本目的：提供管理部门业务决策、规划等所需的资料；汇集历史资料，明确资产负债表及收益表中的存货及销货成本数字。

通过对成本会计资料的查阅，高校管理人员可以就教学设备的价格、实验室的扩充、工资的比率和其他问题作出决策。此外，成本会计人员还应向院务会提交一份经营绩效报告书，供教学管理者核查各部门中存在的浪费及效益等情况。

2.建立人事管理制度

高校成败的关键是人，主要指高校教职工。因此，建立人事管理制度很有必要。建立人事管理制度时要注意以下事项。

（1）招聘面谈

在选用工作人员时，首先要和应聘者交谈，了解应聘者的态度、性格、反应、表达，还有对工作的热情和能力。

（2）应聘者调查

高校应该对应聘者以往的情况进行调查，包括家庭情况、教育水平和工作情况等。通过调查，可以了解应聘者的过去是否违法，是否有前科，以及工作态度、工作业绩等情况。总之，必须对应聘者的背景做一番调查和了解。

（3）职工培训

培训一般包括职前培训与在职培训。职前培训是在新进人员报到后，人力资源部门对其进行的训练，目的在于使其明白高校经营目标、政策及一般业务情形；同时，使其明白工作所涉及的工作内容、工作程序、责任范围等。这些内容要在职前培训时说清楚，以使新进人员接任工作并顺利完成指定的工作任务。

在职培训，亦称"职内培训"，是指本组织或本系统为在职职工举办的培训，旨在帮助职工学习和掌握工作所需的知识和技能。培训期内多带职带薪，一般是短期的。管理者若发现某一工作人员能力强、肯努力、值得培养，应对其进行进一步培训，如保送高校研究所进修或送国外研究深造等，使其能负担更重要的工作及责任。

（4）工作考核

对工作人员的实际工作情形，人力资源部门应有正确的记录和考核办法。对于工作努力、成绩优良的员工，人事部门应给予奖励；对于工作不力、惹是生非、毫无贡献的员工，人事部门须加以处罚或免职。

（5）岗位轮换

岗位轮换可以增加工作人员适应各种不同类型工作的能力和经验，也是培养人才的一种办法。

（6）职工休假

适当的休假可以缓解工作人员的压力，提高其工作效率，也有益于工作的改进。

高校建立的内部控制制度所涉及的内容极为广泛，随着经济环境的变化，生产技术和方法的进步，以及管理理念和方法的变更，没有一套管理制度和方法是完全符合内部控制管理需求的。因此，必须及时对各种管理制度、方法等作出调整，以满足高校内部控制的要求，从而使其更好地发挥职能。

二、现代地方高校内部控制的执行与监督

在高校经营管理中，要严格贯彻和落实已经制订的各项制度，并根据规定对学校经济行为进行规划、组织和调控，从而实现对内部的有效控制。贯彻制度实行的主体，既包括高校的高层管理人员，也包括学校各级管理者和广大教职工。高校财务内部控制的主客体是一致的，这就增加了内部控制制度的实施难度，所

以要重点关注以下方面。❶

第一，要广泛、深入、持久地宣传内部控制制度对高校管理和员工利益的影响，让所有管理者和员工都能明白实施内部控制制度的重要性，明白高层管理者的决心、意图和要求，明确本职工作的地位和影响。

第二，要全面实施内部控制制度中的各项措施，除了宣传教育以外，还可以通过短期的培训、模拟实验等方式，让各岗位员工都能对这一制度有明确清晰的认识，增强自身的监督意识，确保制度的顺利实施和执行。

第三，高校各级管理人员，尤其是高层管理者，必须严格执行与自身相关的各种控制制度，对违规行为要自觉地承担相应的处罚，任何托词、辩解都会使制度的严肃性和权威性受到损害。

第四，在内部控制制度实施过程中要加强监督，一经发现违规现象，一律从严从重处罚，决不姑息，绝不延误；在实施过程中，如果发现不协调之处，要及时调整，以确保制度的顺利实施。

第三节　高校财务内部控制的优化对策

一、意识方面的优化对策

（一）强化科学的现代经营管理理念

虽然在组织形式和性质上，高校与企业存在根本差异，但是科学的现代管理理念不仅适用于企业，对高校来说也尤为重要，将科学的现代经营管理理念融入高校财务管理中，可以使高校工作朝着更加规范化、标准化的方向发展，强化成本意识和资金使用意识，对于各种高校管理行为的发展都有积极的促进作用，在以市场为导向的发展竞争中，高校的竞争实力得到增强，高等教育事业得到可持续、健康良好发展。目前，不少高校的管理人员对现代管理理念仍然缺乏足够认

---

❶ 石彬.高校财务内部控制的问题与对策研究［M］.延吉：延边大学出版社，2022.

识,因此,从思想到制度,科学的现代管理理念必须贯彻其中。

(二)提高高校人员主人翁责任意识

只有从根本上转变高校人员随意使用、无自制、不计成本的资金使用意识,才能提高高校人员的责任意识,才能消除由于高校资产所有者缺位造成的影响,并从源头上改善高校教职工无计划、无自制配置资金的问题。

二、治理结构方面的优化对策

国家或政府作为高校所有者、出资者、唯一的委托人和管理者是高校实际的决策者,这必然导致行政权力过于集中,为了防止集权情况的发生,必须从改善高校的治理结构入手。

基于高校内部考量,可以在高校内部设立董事会,董事会成员可借鉴企业经验,邀请业内专家出任独立董事,也可以请上级主管部门委派人员或者高校党政领导和高校其他利益相关者共同组成。高校的最高决策机构是董事会,可以联结高校管理者、出资者和所有者。除此之外,为了对管理者的日常工作进行监督,还可以设立监事会。

高校国有资产管理委员会是为了保证高校国有资产的安全和有效运行而设立的,在教育部的领导下对高校资产进行管理,同时也会参与学校方针和政策的制定。

三、制度方面的优化对策

(一)建立风险管理制度

目前,我国高等教育体制还存在诸多缺陷。要想建立并完善风险管理制度,首先必须从转变传统的思想观念、思维模式、行为模式等入手,切实建立高校职工的风险管理意识。其次,应采取切实有效的防范对策。例如,建立和完善学校的风险管理制度,实行经济责任制,强化财务管理,加强财务风险监控,建立财务风险预警机制等。最后,针对不同的经济活动,应采用不同的风险控制与应对方法。例如,在融资方面,一方面,要扩大融资途径,通过鼓励校友捐款、发行教育福利彩票、实行BOT(建设—运营—转让)融资、成立校办实业企业等方式来筹集资金;另一方面,通过专业计算对借款规模进行控制,以此降低财务风险。

在成本控制上，应该杜绝浪费，运用有效的财务管理措施来降低学校的成本，提高学校盈利。在投资方面，要将校内外所有的共享资源都充分地利用起来，全面提高资源利用率，降低重复的建设投资。从创收的角度来看，高校也可以实行资源共享、为外部服务收费。同时，要加大对科技成果的转化力度，增加学校的科研收益，提高内部经济效益。

（二）强化预算管理

1. 高校管理者进一步重视预算管理工作

预算管理工作需要高校各部门的协调与配合，单一个部门是无法胜任的，作为高校管理者，要统一各部门思想，并明确各部门的职责分工，这样才能做好预算管理工作，保证预算编制、执行和评价工作的顺利进行。

2. 完善预算管理制度

要保证预算管理工作有章可循、有法可依，就要建立健全预算管理制度，不仅包括一般的预算管理制度，还应包括不同层次、不同角度的预算管理制度。例如，从时间角度来说，要分别建立短期、中期和长期预算管理制度；从经济角度来说，要建立适用于不同经济业务的预算管理制度。应当注意的是，为了发挥预算管理的约束作用，还应该在预算管理体系中明确相关人员的职责和权限。

3. 合理设置预算项目，强化其经济分析功能

将支出项目与当前高校的支出方向相结合，并试图对预算项目进行分类提炼，逐一厘清项目收入来源，使预算使用者了解资金的来源和去向，合理使用和分配资金。

4. 规范预算编制

第一，要把重点放在工作计划上，其是做好预算工作的根本。第二，要使预算的编制更具科学性和合理性，使资金得到最大限度的利用。第三，要加强对预算数额的控制，不仅要满足学校运行的需要，同时要提高运算的有效性。第四，要对预算编制进行细化处理，使各部门能够按照预算详情进行项目和活动实施。

5. 建立预算评估机制

预算既能规划开支，又能约束开支。要充分发挥预算的约束作用，就必须构建并健全预算评估机制，准确编制预算计划并贯彻执行，使预算的约束功能得到

全面发挥。

高校还应该构建一个完整的经济业务管理体系,将预算管理作为主线,核心为财务控制,在实现业务信息化管理过程中,将对经济业务的管理也纳入预算管理中,并在未来的业务执行中严格按照预算进行。

通过上述几个方面的分析,进一步完善高等学校的预算管理体系,对于提高高校资金的使用效率,保证和推动高校的发展具有重要意义。

(三)加强相关人员的专业素质管理

做好高校内部控制方面的工作,还需要提高高校相关人员的综合素质,不仅包括专业知识方面的会计、审计知识,还包括科研管理、教学管理等高校管理方面的相关工作,并真正落实相关人员的继续教育培训工作,提升培训效果,此外,也要重视财务、纪检方面专业人员队伍建设。

(四)改善财务评价管理

财务评价是一种对高校内部财务进行有效监控的手段。因此,高校必须完善财务评价工作,明确财务评价工作的重要性,强化财务评价观念,充分发挥高校财务工作人员的积极性。需要明确的是,进行财务评价的目的是改善高校财务管理状况,提高高校资金的使用效率。通过科学制定财务内部控制指标并运用其对财务内部项目和问题进行评价,解决问题,提高财务管理质量。

(五)完善人事管理

在高校的办学成本中,人员成本占据了很大份额,属于知识密集型组织。因此,想要实现高校的可持续发展,全面加强和完善学校的人事管理制度极为重要。高校的人事管理原则是:按需设岗、绩效考核、优胜劣汰,一方面要防止人浮于事,保持人员结构合理,数量合理,每个人都有饱和的工作量;另一方面,要防止消极怠工、散漫无为的工作状态,实行绩效激励机制,岗位薪酬与绩效薪酬相结合,多干多付,多劳多得。这样才能最大限度地提高工作效率和办学效率,优化教学效果并降低人事成本。

四、控制与监督方面的优化对策

（一）加强对采购与招投标、合同的管理

1. 加强对采购与招投标的管理

预算与计划的编制：根据预算计划，设定明确的编制要求，规范编制与审核程序。

体制及运行机制：建立采购招标岗位责任制，设立专门的采购招标部门，按照上级采购招标制度制定标准操作程序。

采购与招投标管理明确招投标过程中的主要管控点，比如，招标、投标、开标、评标、中标等，设定合理的管理的原则和方式。

活动控制：合理确定需求、建立申请制度、规范请购程序；合理选择政府采购方式；合理选择供应商；合理选择采购的组织形式，比如政府采购或非政府采购。

验收管理：要对采购和招投标所涉及的系列环节进行规范化验收，制定恰当的验收标准，规范验收流程，严格执行验收手续，以此保证验收报告的准确性和规范性。

2. 加强对合同的管理

组织运行机制：要建立集中管理机制，并对合同相关业务流程进行严格把控。

订立控制：对合同订立过程中所涉及的一系列环节都要进行严格的控制管理，包括合同调查、计划控制、谈判控制、文本起草和审核控制、文本签署和登记控制等。

履行控制：在合同履行或是结算过程中进行严格管理控制，并对合同履行过程中可能产生的变更或是争议进行控制管理。

（二）加强对专项项目的管理

1. 加强专项项目管理队伍建设

一般情况下，专项项目的专业化程度较高，因此在项目实施过程中，需要工作人员采取特殊的方法或技术。这一过程对专项项目的管理人员提出了较高的素质要求，要拥有过硬的政治、管理及业务素质，以此提高专项项目的管理水平和

质量。此外，高校还要注重加强对专项项目管理人员的业务培训工作，提高专项项目的专业化发展。

2. 加强专项项目工作流程的规范性

为使各相关部门的工作实现更好的配合，切实提高工作效率，必须明确专项项目各相关部门的职责范围和基本程序，从而保证专项项目工作过程的规范化和正规化。

3. 加强专项项目的投入控制

在决策阶段，要谨慎提出专项项目，充分论证并验证项目的可行性，重视投入预算，并做好对经济评估的全面分析工作，以此证实投资的可行性。

在设计阶段，预算会受到专项项目设计的重要影响，因此也要进行投入控制，在该阶段不仅要严格保证工程质量，还要控制总预算，减小不确定因素对投资的影响，执行好专项项目的各个流程和环节。

在招标阶段，要严格审核评标文件，加强对合同的管理工作，对合同中所涉及的条款严格执行，保证招标工作在透明、公开、公正的环境中进行。

在实施阶段，高校必须提高对项目的重视程度，密切监控项目的总体进度，在发现问题之后要采取措施进行调整，避免对工程项目造成损失。

在竣工结算阶段，要重视对项目结果的验收，防止出现虚报，降低后期维护成本。

4. 加强对专项项目的审计

要加强对项目事前、事中和事后内容的审计工作，这对控制项目经费会起到重要作用，也会对高校的廉政建设产生重要影响。

（三）严格财务审计工作，贯彻执行财务内部控制制度

高校的财务审计工作与企业相比，在力度方面还略有不足。想要实现财务内部控制的目标，就要真抓落实，及时发现并改进经济活动中存在的问题，从而保障收入、控制支出标准。具体来说，可以从以下三个方面进行操作：

一是要强化资金控制，加强财务支出的管理与实施；二是要强化对各部门财务的约束作用，对学校各部门的财务工作进行检查、监督，以保证学校财务内部控制制度得到有效实施；三是要强化对高校资产的监管，严格控制校办企业的投资项目，项目开始前要注重对其论证的过程，项目实施过程中还要加强监控管

理，防止出现财务风险，减少学校损失。

（四）强化高校内部审计工作

做好内部审计工作必须提高审计人员的业务素质。同时，内部审计部门作为实施高校内部审计的关键部门，高校还应积极帮助其在工作中树立权威性，保证其独立性，加强其行政权力，包括事前、事中、事后的综合经济业务运行审计、领导经济责任审计和项目审计的经济效益审计等。

（五）发挥校内监督的作用

毫无疑问，学校内部监督的作用非常重要。但是，当前，高校职工代表大会等组织，在监督方面没有发挥其应有的作用。因此，必须建立健全具有自主决策能力的组织，全面提高组织成员的责任和民主意识。还要成立专门的工作委员会，长期负责专项的相关工作，建立长效工作机制，提高工作效率。最后，加强继续教育，完善组织人员培训制度等。

（六）发挥校外监督的作用

除了校内监督外，校外监督也要重视，不仅要充分利用并发挥上级主管部门对高校财务内部控制的监督审计作用，同时高校还可以委托会计师事务所等第三方机构对高校的内部控制进行审计与监督。

五、信息与沟通方面的优化对策

（一）落实高校财务内部控制信息化

工业信息化步伐加快，金融信息系统已经得到了广泛的应用，计算机技术和信息系统传输与处理了大量数据。这些现代信息技术大大提高了高校管理效率，为其提供了极大的便利，同时，也给高校内部控制带来了新的挑战。云计算是继个人计算机和互联网技术后出现的一种新的信息技术，其将对高校原有的内部控制产生很大影响。在此背景下，加强对云计算环境下高校财务内部控制就显得尤为迫切。

为了更好地发挥内部控制的正面效应，保证云计算环境下高校的正常运行，需要对云计算环境下高校的内部财务控制进行优化与调整，使之更好地推动学校财务管理信息化，以及学校内部控制的健康发展。因此，必须充分认识到云计算技术在高校财务管理中的运用，对学校财务内部控制产生了重要影响。在云计算环境下，高校财务内部控制中还存在诸多问题，因此高校必须重视对内部控制环境的优化，制订并施行有效的内部控制措施，强化信息的交流与沟通，不断完善监督机制。

（二）改进高校财务会计信息披露

想要加强高校财务的内部控制，就必须注重对会计信息的及时披露，这不仅可以让外界更加深入、全面地了解高校的财务状况，同时还可以实现财务内部控制的信息沟通。高校财务信息的披露，便于外界对高校财务状况进行解读，拓宽信息披露的范围。财务会计信息更多细节的披露也表明其披露程度的加深。通过对高校财务信息的披露，还可以消除学校内部各部门各自为政的情况，加强教学、科研、专项建设等部门间的信息沟通，全面展现高校的办学成效。

（三）深化高校各部门的沟通与协作

高校运行是一个整体系统，校内不同部分是系统的组成单元，因此，只有消除学校内部各部门之间的隔阂，才能全面提高学校整体系统的工作效率。为达到这一目的，就必须加强学校内部各部门间的沟通与协作，加强部门间的认识与了解，学会换位思考，形成学校各部门间的合力效应。

第四章　高校财务管理风险及预警体系建构

高校财务风险及预警机制研究对提高高校发展的安全性具有极其重要的作用。如果没有事先的财务风险评估和预警系统预警，高校的财务管理和发展工作将如履薄冰，随时面临遭受巨大损失的危险。因此，财务风险与预警是高校发展的保障，保证高校能够稳步、稳健发展。本章将从财务风险预警入手，深入探索其工作模式，构建高校财务风险预警指标体系。

第一节　高校财务风险相关概念界定

一、风险

风险来自现实世界的不确定性和人类认识的局限性。人类之所以能认识到风险，是因为风险通常与损失有关。因此，人们习惯将不良事件的可能性称为风险。风险没有统一的定义。不同的学者从可能性与不确定性、期望与现实、主观与客观的角度对其进行了描述，并提出了不同的定义和解释。

韦伯字典将风险定义为：危险；危难；遭受损失和伤害。其他有关风险的定义有"风险指出乎意料的可能性""风险是指人们对结果的期望值与客观实际结果发生差异的不确定性"❶"具有不确定性的损失就是风险"❷"风险是在风险状态

---

❶ 汤谷良.高级财务管理[M].北京：中信出版集团股份有限公司，2006.
❷ 尹平.股份制企业财务风险与防范[M].北京：中国财政经济出版社，1998.

下一定时期内可能产生的结果变动"❶。

彭韶兵、邢精平将风险定义为："风险是事件的不确定性所引起的，由于对未来结果予以期望所带来的无法实现期望结果的可能性。"❷提取其中三个关键词，即"风险损失观""结果差异观"和"不确定性观"，并认为用"不确定性"来归纳风险更具代表性。简言之，风险是结果差异引起的结果偏离，即期望结果的可能偏离。该定义指出对未来结果的期望是风险产生的根源，并揭示了风险的实质是结果偏离。

由于风险是以潜在危机的形式存在的，具有一定的发生概率，不是现有的客观结果或既定事实，因此风险研究和控制的目标应该是尽量降低风险发生的概率，防止风险的潜在性变为现实，防止可能的危机变成真正的损失。

二、财务风险

了解财务的本质是研究财务风险的首要任务。现有文献中关于财务本质研究的代表性观点有五种：货币关系理论、资本流动理论或资本关系理论、价值分配理论、本金投资与收益理论、财产流动理论。其中，资本流动理论在中国财务理论领域的影响力持续了几十年。许多研究者深受这种思维的影响，也影响了其对高校财务风险的定义。

对于财务风险的含义，现有文献有三种代表性的观点：

第一，国内学者普遍认为，财务风险是企业资金运动（或财务活动过程）中存在的风险，这些风险包括外汇风险、股利分配风险、投资风险、筹资风险、资金运营风险等在内的全部风险，几乎等同于财务管理的风险。众多研究财务风险计量、预警、控制和管理的文献都是以此为基础的。

第二，西方学术著作相关研究几乎都将财务风险视为筹资风险，这种风险与企业筹资相关，为具有负债筹资的企业所特有。尤其是指财务杠杆导致企业净收益变动的风险，甚至可能导致企业破产的风险。在规范的财务管理学术研究中，企业资本结构的设计和优化是一个权衡过程，用于权衡债务带来的财务风险和利

---

❶ 顾镜清.风险管理理论与实务 [M].北京：中国国际广播出版社，1993.
❷ 彭韶兵，邢精平.公司财务危机论 [M].北京：清华大学出版社，2005.

用债务产生的收益。资本结构属于筹资领域，投资风险属于投资领域，投资与筹资在金融上是分离的。

第三，金融风险有狭义和广义之分。从狭义上讲，金融风险是由企业负债造成的，是指企业因借款而丧失偿付能力的可能性。广义的金融风险是指企业作为一个完整的系统进行财务活动的过程，包括融资、投资、资本运作和收益分配四个有机环节。每一个活动环节都可能存在风险，企业的财务活动过程被视为一个完整的系统。

三、高校财务风险

财务风险原本是企业财务管理的重要组成部分。我国公立高校作为事业单位，是依靠财政拨款的，其财务风险与我们所知道的传统意义上的财务风险不同。然而，随着高等教育规模迅速扩张和发展，为了适应这种剧烈的变化，高校开始更多地借鉴和利用企业管理的有益经验来管理高校，高校的财务管理也不再没有任何风险，高校的财务风险问题日益突出，高校应该做好风险管理。

第二节 高校财务风险构成及防范措施

一、高校网上银行业务存在的风险及防范

（一）高校网上银行业务存在的风险

风险是指事件造成的损失的不确定性。网上银行的具体风险和问题主要有以下五个方面。

1. 重复支付风险

网上银行系统的数据处理延迟，特别是在大量分发过程中，或是在网络环境不稳定的情况下，很容易出现交易流程无法及时确认的情况。此时，提交者误以为数据提交不成功，需要重复支付。

2. 法律风险

网上银行交易的法律风险是我国网上银行业务中比较突出的风险。具体来说，其表现为法律管制体系不健全、法律监督制度落后、责任规定不明确等。

3. 内部控制制度不完备风险

目前，高校大多已经开通了网络，银行转账形式发展、财务系统信息化过程不断加速，但事实上，有些高校仍缺乏配套的财务管理制度、内部控制制度和审批制度等。网上银行在管理上存在很多漏洞。

4. 户名不符风险

现在各高校学费一般都选择网上银行。一部分银行网络系统无法确认或核对代理人的账户与姓名对应的凭证内容是否一致。如果提交者和审查员合谋将学校资金汇到个人账户，学校资金可能遭受重大损失。

5. 银校合作系统安全性较低风险

如某高校使用的是用友财务系统，账号和密码是为了工作而简单设定的，而且对于账户和密码没有相应的加密措施，所以账户和密码很容易被盗用。另外，在提交网络转发数据及再确认信息时，操作员无须插入银行U盾。这些是隐藏的风险。

（二）高校网上银行业务风险防范

1. 完善内部控制制度

（1）建立支付授权制度

资金是财务管理的重点，建立合理、完整的支付授权制度是网上银行结算内部控制管理的基础。从制度上规定公私转账限额，如1万～10万元，达到50万～100万元就需要相应的财务负责人审查，超过100万元需要学校领导审查等。各高校可以在此基础上，根据自身的业务特征，根据现有的财务管理制度，编制适当的风险监督计划和准则，建立支付授权制度。

（2）确定不合格职务

在以前的主要结算手段中，关于资金业务的印章和票据不能由同一个人管理。将网上银行作为主要结算手段，可通过追加USB密码卡的证明书、账户号码和密码等。因此，我们需要合理决定不适合的职务，实现职务分离。

（3）明确网上银行结算流程

网上银行结算比以往结算更方便，更经济有效。高校应该通过网上银行支付，设计结算流程，提高结算效率。

（4）做好设备管理

计算机是实现网上银行结算的必要设备，高校应安排专门计算机用于网上银行的结算业务。除了系统管理员、被许可的负责人和审查员以外，其他人不能使用专用计算机。专用计算机不能安装与网上银行结算业务无关的程序和软件，要使用正版防火墙和杀毒软件，为网上银行的安全运行提供可靠保障。

2.建立人力资源管理制度

（1）确立严格的用人原则

高校人力资源部及财务部在选择出纳及复审人员时，应选任价值取向好和责任意识强的人，遵循以德为先的原则录用人才。

（2）加强法律法规和网络安全学习

高校财务部应定期组织网上银行业务相关人员研究财政经济纪律和法律法规，将遵守法律的思想内化于财务负责人的工作行为中。在使用互联网的时候，高校财务部要注意识别网站的真伪，防止陷入不法分子的陷阱。养成良好的网络连接习惯，避免在人多的公共场所注册自己的网上银行办理业务，注意保护学校的银行账户和密码等信息安全。

（3）确立常态化的业务学习进修制度

高校的财务负责人，除了专业技术外，还需专门学习网上银行知识，熟练掌握相关操作，熟悉不同的网上银行使用环境，营造尊重知识、尊重人才的文化氛围。

（4）实施定期轮换的岗位制度

财务部应明确岗位范围、岗位周期，将相关岗位员工定期轮换，全面提高员工素质。

（5）完善激励约束机制

高校人力资源部应当建立科学合理的评价指标体系，对员工进行年度审查和评价。

3. 密码设备发行与管理建议

针对一些人盗取系统密码登录网上银行系统的问题，本文建议采用"加密犬"技术。加密犬是一种外形与 USB 存储器相似的硬件装置，其本名为加密锁，作为软件保护的通俗行业用语而发展起来。加密犬是将计算机并行端口中插入的软件和硬件组合而成的加密产品。加密犬一般有几十字节或几百字节的非易失性存储空间。现在比较新的加密犬内部也包含宏处理器。系统管理员可以不具有实际业务的操作权限，只具有发行及分配权限，也可以对读取器进行加密。普通运营商的成员只能支持加密犬的硬件和密码，操作他人硬件的加密犬无效。在拿到自己的加密犬后，在进行支付业务时必须验证加密犬，验证通过才能发送交易，大大提高了网上银行系统的安全性。

4. 完善网上银行方面的法律法规

明确法律法规原则，遵守国际化、消费者权益、安全和发展等原则，推进我国法律法规和规章制度建设。改善中国网上银行的法律监督制度。完善市场准入制度，规范市场退出制度，建立信息披露制度。明确各当事人的法律责任，实现风险有效控制。

二、高校资金筹措风险防范

（一）保证学费收入，维持学生平稳生活

加强学校的核心竞争力，保证学生的生活稳定。学费收入是高校财务收入的重要组成部分，因此，保持稳定的学费收入是防范资金筹资风险的一项重要举措。对于高校来说，每年只有顺利完成招生计划，才能确保生源的稳定，进而有稳定的学费收入。

高校要加大师资的培养力度，吸引更多优秀人才，持续强化师资队伍，把重点放在金融、商科等优势专业上，打造出品牌专业。同时，也要根据社会需求，对有关的专业进行相应调整，使学校的核心竞争力得到进一步提升，从而提升高校的影响力，获得更多收入来源。

（二）稳定教师队伍，加强教师队伍建设

教师是学校的战略性资源，高校应增加对教师的投资，拓宽招生途径，吸收优秀师资，与学校的学科建设相结合，共同提升师资力量。高校要健全人才保障

制度，改善教师的福利待遇，制订一套合理、有效的激励制度，让教师能够安心地在学校工作。高校还应该关注教师的发展，制订教师培训方案，加大教师培训费用的开支，让教师在企业的交流现场进行交流学习，以此提升教师的专业素养和专业技能，为高校的发展建立一支高水平、稳定的师资队伍。

（三）挖掘专业特色，扩大品牌专业影响

学校应该立足市场，依据学校自身的特色，在市场调研与预测的基础上，进行有效的分析与论证，并与社会对专业人才的需求相适应，从而准确地掌握专业建设方向。在这一过程中，高校还要立足校园，围绕地方经济发展，结合本地实际，挖掘专业特色，创建具有鲜明特色的专业。高校要对人才培养方案进行改革，在人才培养方案的论证中邀请外部行业专家参与，把企业的岗位需求融入专业建设中，并且建立企业领导制度，让学生对自己的职业定位有一个全面的认识，从而有更加明确的学习方向。此外，高校还要优化课程结构，科学设计教学流程，合理安排教学方案及教师。

三、高校运营风险防范

（一）关于资金回收

提高学生的学费缴纳率，确保及时收回学费资金。高校有些学生无法支付学费，也有学生因为家庭原因而不能继续学习。很多实际情况是，有些大学生自制力不强，把学费用在个人消费支出上。对于家庭困难且学费不够的学生，学校将优先给予工作补贴，并提高学习补贴标准，鼓励他们在业余时间参与学习补贴活动，以减轻部分贫困生的经济负担，让他们能够按时缴纳学费。针对恶意拖欠学费的情况，学校应加大对学生自我约束力的教育力度，使其形成合理的消费理念，增强其缴费意识。

（二）关于预算与决算管理

完善的预算管理体制可以有效地规避财务风险。高校应充实预算管理体制，提高预算管理水平，提高学校资金使用效率，同时还要加强对决算工作重要性的认识。部门决算之所以重要，是因为其可以反馈各部门整个年度总的财务情况以及预算的执行情况，它是政府制定相关的公共政策、宏观决策的重要依据。所以，各部门必须高度重视决算工作，积极推进部门决算，比照预算，扩大宣传引

导，真正发挥决算公开的正面效应，从领导到每一位财会人员，应该有计划、有秩序地进行决算工作，才能保证决算机制趋于规范化、合理化。要明确领导责任机制。作为领导，要率先意识到部门决算数据的重要性，清晰地认识到自身承担的经济职责，保证决算数据的真实性和规范性，从而引导本部门所有工作人员达成一致理念。对于其中的相关问题，工作人员理解不清楚或者存在困惑的，领导要及时解惑，并与部门人员进行"头脑风暴"，共同交流探讨。每一位从事会计工作的人员都要对自身的编报工作有准确明了的定位，与领导保持有效的沟通交流，绝不能流于表面，进行机械式报告。

1. 科学规划预算编制

高校应该成立由各系、职能部门组成的预算编制委员会，在遵循合法性、合规性的原则下，突出重点，采用"零基数预算法"来编制财务预算。❶高校的预算按照级别划分为校级的总预算表、各二级院系和职能部门的预算。高校的总体预算是按照学校的发展规划来确定的，各二级院系和职能部门也要按照这个总体预算的目标来编制本部门预算。参与预算编制的人员要全面了解所要编制的预算项目，并对其进行深入调研，编制结束，要征求相关人士的建议，保证预算编制工作的科学性、系统性和全面性。对经费数额大、跨年度拨款的，不仅要编制当年的预算，还要对共同年度资金使用的预算进行编制，使预算更具科学性和合理性。预算编制完毕，须经预算委员会讨论通过，并上报董事会。

2. 严格进行预算管理

高校的各院系和职能部门要严格执行预算收支计划，不得随意调整，在学校运营环境发生重大变化时，如遇国家相关政策变动，或确需作调整，应由预算执行机关呈交申请到学校预算编制委员会，说明调整理由，并提供调整建议。在预算实施过程中，学校要建设一个预算管理信息化系统，由财务部门对各部门的预算执行情况单独编制一份详细的统计报表，对预算的完成状况进行分析，如有不正常现象，要及时汇报。要对预算执行中存在的问题进行剖析，找出问题的根源，以保证预算的平稳运行。

---

❶ 徐明稚，等.高校财务风险及预警防范机制研究[M].上海：东华大学出版社，2015.

3. 制定预算审查制度

高校应加强对各部门财务预算实施情况的审核，建立切实可行的预算审查体系，并制定科学的、定量的审查指标。在此基础上，通过对预算的审查，制订相应的奖励和惩罚机制，加强各部门对预算的关注。

第三节 高校财务风险预警指标体系构建

一、财务预警的基本方法

在对"预警"一词进行溯源过程中发现，其在早期阶段频繁出现在军事领域，在该领域内，"预警"主要被认定为一种有效的防范措施，其所防范内容多为突然袭击事件，并且可以提前预告突然袭击的具体信息。随着时代的不断变迁以及人类社会进步与发展，预警开始出现在各个不同领域，政治、经济、技术以及医疗等领域范围内均可看到预警的踪迹。从类型和范畴来看，财务预警被归类于经济类目，并且预警在财务中的有效应用以经过反复实证后的相关数据作为依据，构建起一整套兼备高效化和精准化的财务危机识别模型，该模型的建立目标主要是凭借自身所具备的建模技术进一步提升判别准确率。

在某种意义上，财务预警被视为一个循序渐进的过程，第一步精确预测财务风险，第二步系统构建财务预警模型，第三步搭建完整的财务风险预警系统。

（一）计量经济方法

1. 单变量判别分析（UA）

威廉·亨利·比弗（William Henry Beaver）是世界著名的会计学家，他早期发表的诸多关于财务危机预警信息的文章，在一定程度上影响了后期全球广大企业对财务预警的研究。在实际研究过程中，比弗选取了当地79家已经破产的企业，在未破产名录中筛选同样数目的79家企业，并尝试以破产前5年作为时间节点，针对未破产企业和破产企业中30个财务比率的均值进行综合比较，其中评判标准主要为破产与未破产分类检验中误判率最低确定比率值的分割点，通过长期研究观察发现，实验样本在破产前一年现金流与总负债比率的判别精度达到了 86.7% 的最高峰值。❶ 比弗的这一研究表明在企业破产能力预测过程中不同财务指标所达到的预测水平不一，并且研究所得相关结果为多变量方法预测提供了可靠依据。

2. 多变量判别分析（MDA）

美国金融学教授爱德华·阿尔特曼（Edwardi Altman）于 1968 年运用多变量判别分析（Multivariate Discriminant Analysis，MDA）方法展开了一项著名的组合实验，该实验主要选取美国 1946—1965 年破产和未破产的 33 家企业，在获取对两类实验样本财务指标并进行评价后，完成了对 Z-Score 模型的建立，且该模型包含 5 个财务比率，通过模型的预测和监测可以发现，其中破产企业在破产前一年的预测水平相对较高，精确度高达 95.7%。❷

不同于单变量判别分析，多变量判别分析在设定不同判别组协方差矩阵时，在设定标准上具有同一性，判别准则一般选取最小误判率，正因如此，判别函数在某种程度上呈现出一种线性形式。如果协方差矩阵无法达成相等的标准，那么在函数判别过程中则无法延续线性形式，当企业财务中某一项指标发生变动时，表现过于敏感，并且相较于线性模型，此模型在破产前 2～5 年的预测水平和精度整体偏低。除此之外，在变量分布水平预测方面，多变量判别分析同样有十分严格的要求，那就是对于独立正态分布预测变量需持高度服从态度。这一要求的提出，无形中减弱了多变量判别方法预警的及时性、有效性和精确性。

3. 线性概率回归模型

1972 年，埃德米斯特（Edmister）透过 0-1 线性回归，完成了对线性概率回归模型（Linear Probability Model，LPM）的有效建立，线性概率回归模型中的财务比率数目延续了 ZETA 模型，仍保持在 7 个标准上，但预测的平均精度不低于 90%。埃德米斯特认为多变量判别分析方法在具体应用中可以划分为"黑—灰—白"三个分区。在上述分区中，企业误判内容主要集中在"灰区"，一般情况下，对于企业破产概率的计算首选模型就是线性概率回归模型，该模型不但可

---

❶ 熊燕. 财务危机预警模型评析 [J]. 中国管理信息化，2008（8）：3.

❷ 王静娜. 浅析判别分析法的应用 [J]. 经济管理（文摘版），2016（4）：24.

完成对企业"灰区"的深度探究，而且可依托于自身优势完美转化企业破产概率以及财务比率，在一定程度上有助于提升回归分析的实效性。但该模型在实际回归分析过程中，无法确保分析结果与预期结果保持一致，对此，可通过Probit函数和Logistic函数的转化，获取与之所对应模型，即多元概率比（Logit）模型和多元逻辑（Probit）模型，其中，应用频率较高的方法为多元概率比方法。❶

（二）简单的非参数方法

1. 熵值法（Entropy Method，EM）

最早按照资产和权益结构分解财务报表不同时期数据的是泰尔（1969）和列夫（1971）两位学者，二人通过对熵值测度分析的有效运用，发现财务结构中的非稳定性是造成企业常常陷入财务困境的主要原因。1977年莫耶为达到对企业财务困境精确预测的目的，尝试引入资产负债表信息分解法，从其预测结果来看，相较于单变盘模型和Z-Score模型，该方法的预测结果精度稍显逊色，1989年哈钦森和布斯为进一步了解稳定发展企业与破产企业财务结构变化差异，他们在研究过程中主要采用了会计报表信息分解法，通过该方法发现两组企业在财务结构变化方面差异不明显。

2. 递归分割方法（Recusive Partitioning Algorithm，RPA）

1985年，费曼运用递归分割方法，将财务比率视为判别点，完成了对二叉分类树的有效建立，并且在划分破产企业和未破产企业过程中，主要以最低误判成本为依据。在递归分割方法中，在指标选择上主要有两种，一种是定性指标，另一种是非财务指标，但针对结构形式相对较为复杂的分类树而言，容易激起样本数据的过度适应性，针对样本以外的判定出错率升高，由此可以得出，应最大限度地确保分类树结构的简易性、灵活性和适应性。此后，麦基则通过有效结合端值和递归分割方法，实现了对交互两份模型的系统设计与开发，该模型对企业破产的预测主要以决策树为主，精确度不低于95%。

除上述几类方法之外，数据包络分析、K临近法（K-Nearest Neighbor，KNN）、聚类分析等同样属于简单的非参数方法，一般情况下，若是出于对破产时间因素的考虑，在诊断破产过程中可尝试采用贝叶斯决策（Bayesian Decision

---

❶ 张涛，钟宪军. 中小企业财务危机的成因及其对策研究 [J]. 开发研究，2010（2）：3.

Theory）。非参数方法与计量经济方法最大的不同在于，前者可以突破某些假定条件的约束，如变量样本分布、先验概率以及条件概率等，可有效结合主观判断，在实际使用过程中更为灵活、有效，其中很多思想与人工智能方法"抱团"，但其灵活性也成为其标准化道路上的"障碍"。

（三）人工智能方法

若要对人工智能方法进行归类，同样可划分至非参数方法行列，但相较于其他非参数方法，人工智能方法无论是在模式识别方面还是数据演算推理方面，其功能性均较为突出，可迅速蔓延至财务预警研究领域，并可协助财务预警获取大量更精确、详尽的数据信息。

1. 神经网络（ANNs）

神经网络（ANNs）全称为"人工神经网络（Artificial Neural Networks, ANNs）"，其在财务预警领域内的系统研究和应用可追溯至20世纪90年代，ANNs的创新应用，不但提高了预测的有效性，而且在一定程度上实现了判别结果的精确度。神经网络中的学习算法、训练网络、网络结构以及相关数据四种识别应避免脱离实际困境程度，且从理论角度来看，神经网络还可与财务预警管理系统相融合。神经网络与计量经济最大的不同在于，该方法能够实现对非困境企业的有效识别；在预测的稳健性方面，神经网络在样本量和变量数据方面较传统统计方法做出了改变，预测精度和稳定性有一定提升，但这种提升需将误判成本纳入考虑范围，若排除误判成本，则无明显的改进幅度。总体而言，目前难以判断计量经济模型和神经网络孰优孰劣。

2. 遗传算法（Genetic Algorithm, GA）

遗传算法的设计理念主要是在总结广大自然领域内各生物遗传特点和进化规律的基础上进行真实模拟，进而实现在海量信息空间内完成对概念的随机性搜索。该算法诸多硬、软约束目标函数的多参数优化问题中有较强的适用性，且目前已被广泛应用于金融财务领域，比如，证券选择、预算分配、证券组合选择以及信用评价等。相较于预警模型这种以财务利率为前提所提炼而成的if-then判别规则，遗传算法不但在结构上更清晰明确，便于理解，并且能够按照相关规则完成对定性变量的精准提取。弗朗哥（1998）基于GA算法有效提取了关于线性函数的相关内容，并对其中判别规则进行了系统试验和整理，经研究其认为统计学中的约束性不会长时间作用于遗传算法，运用该算法可确保所列线性方程的最优化，并且弗朗哥还对线性函数和多变量判别分析两种方法进行了全方位比较，发现相较于多变量判别分析，线性函数所需计算时间较少，整个计算过程和结果不受试验者主观思想的影响，但从计算结果来看，其准确性相对较为逊色。

3. 粗糙集方法（Rough Set Theory，RST）

经过多方研究证实，粗糙集方法是一种可以通过一组多价值属性的变量来实现对多个对象进行系统描述的工具，这一功能可以在一定程度上能够形成对某种特定关系的揭示，如关联性财务特征与企业失败风险。相较于其他方法，粗糙集方法有以下特征。

第一，可完成对各类数据中所隐藏事实的深入挖掘形成一组决策规则，并以案例支撑起每组决策规则。

第二，可实现对定量变量和定型变量的深度糅合，对于约束和模糊隶属度评价无须做过多统计。

第三，可避免在决策形成阶段，对时间和成本产生过多浪费，并且整个过程具有极为显著的透明性。

第四，通过对决策者自身理论知识水平的充分考虑，并以此作为决策支持系统的重要继承因子。

粗糙集方法在决策过程中展现出极大的可操纵性，并且受决策者知识背景和样本差异性等影响，最终所产生决策规则也不尽相同，因此，借助该方法所获取的一系列研究结果相互之间无法实现通用。

4. 基于案例推理方法（Case-Based Reasoning，CBR）

基于案例推理方法作为诸多决策方法中的一种，主要被应用于各种复杂决策环境中，特别是在划分存储案例中较为常见，且分类过程中所采用算法多以K临近算法为主，并且能够以此为前提对新增案例状况进行系统判别和精准预测，在财务预警研究中的应用频率也相对较高。

通过集合各种人工智能方法来完成对相关财务预警模型的系统构建与完善，不但有助于各类模型自身优势的全面发挥，而且能够在一定程度上实现预测精度的全面提升。目前，常见的组合方法主要有：自组织网络方法—神经网络方法、粗糙集方法—数据挖掘方法、粗糙集方法—遗传算法、神经网络方法—粗糙集方法、模糊神经网络—粗糙集方法，等等。上述各类通过组合而形成的计算方法，现阶段尚无法判断其优劣，如何通过结合各种判别和预测方法，构建多目标决策支撑的系统模型，成为当前相关研究领域的重点研究和实践探索方向。

二、高校财务风险预警指标体系构建原则

高校财务风险防范是否有效很大程度上取决于高校财务风险预警指标体系建立的健全性与完整性，因此，在建立相关体系时，需确保最终所建体系符合以下四项原则。

（一）体现高校财务风险的特点

与高校不同，企业在组织性质上具有显著的营利性，企业内部资金的流转很大一部分是为了达到企业增值的目的；而高校属于典型的国家事业单位，在性质上属于非营利组织，为确保教学活动以及科研活动的顺利开展方进行一系列资金流转。因此，二者在本质上有显著区别，其中，高校的独特性更为显著，主要表现在以下几个方面，如资金筹备需与政策要求相一致，开支类别中含有部分补偿性内容以及产品周转中具有不可再生性等，如果说高校并不具备与企业相同程度的财务风险，那么高校财务风险便需要以相关风险评估指标进行选取。

（二）定量分析与定性分析相结合

财务分析是否精准有效，除了有效结合定性分析和定量分析外，还应以高校财务风险预警系统为依据，不但要以模型完成定量分析，还要以财务人员经验完成定性分析。对于定量分析和定性分析而言，前者的基础条件为数据，后者则为逻辑，两者互为补充才可确保取得理想的财务风险预警效果。

（三）具有动态性特点

高校财务预警指标的动态性，主要体现在高校财务预警指标对过去和未来的评价及预测，受高校财务预警指标评价与预测对时间和空间的跨越的影响，高校财务预警指标被赋予了动态化特性。高校财务预警指标的动态性还表现在其随情况变化而发展方面，高校财务风险变化时，财务预警指标需根据风险变化情况进行技术的调整和补充，最大限度地确保高校财务预警指标的实时性。

（四）反映全局和系统的观念

从目的角度来看，高校所构建的相关财务预警指标体系主要是为了开展预警

及与预警相关的一系列活动，相关内容主要涵盖以下三点。

事前预警：对评价指标进行确定，对安全和风险两个区间进行明确划分，根据实际情况构建数学模型以及快速、精确地传输各种资料信息。

事中预警：通过对所获取信息的深度分析，发现其中所潜藏的各类问题，并发出相应的预警信号。

事后预警：对财务风险具体产生原因进行初步判断和分析，搜寻风险形成的根源，并根据当前所掌握信息完成对相关追踪系统的建立，借助此系统完成对错误的纠正和预警的跟踪。

高校财务预警系统要进一步加强对日常监控的重视程度，对各种可能形成预警的情况进行重点跟踪和观察，将问题的挖掘深入每一个细微之处，做到对症下药。

三、高校财务风险预警指标体系

高校在选取财务预警指标过程中，所选择指标除了要具备高度的敏感性之外，还要对高校财务风险状况进行真实且有效的反映。本书基于多个能力维度，如运营、收益、偿债、发展等内容，筛选了国内20所高校，并参考大量研究结果和文献资料，构建起一整套相对系统完整的高校财务风险预警指标体系，该体系可集中反映20所高校的财务状况，如表4-1所示。

表4-1 高校财务预警指标体系

维度	指标名称
偿债能力	资产负债率
	流动比率
	债务率
	后勤及校办产业资产负债率
	短期偿债能力
	现实支付能力
	潜在支付能力
运营能力	经常性收支平衡比率
	公用支出比率
	自筹收入比率

续表

维度	指标名称
运营能力	应收账款占流动资产比率
	应付账款与应收账款比率
	应收账款占总资产比率
	基建支出依存度
	基建负债占资金来源比率
收益能力	资产收入比率
	净资产收入比率
发展能力	总资产增长率
	净资产增长率
	自有资产动用比率

（一）偿债能力

针对偿债能力的定义，目前主流的说法是当债务本金和债务利息到期后，高校是否有一定的经济能力进行偿还。无论是高校管理层还是企业债权人都十分重视单位偿债能力，对于高校而言，偿债能力强，则表明在流动资产特别是货币资金方面的储备充足，可形成对学校日常经营活动的有效保障，并且这些储备资金还可满足其他方面的资金需求，如支付各种到期费用账单和其他债务等。本次研究为进一步了解高校偿债能力，选取了7个指标，具体如下：

1. 资产负债率

$$资产负债率 = 负债总额 / 资产总额 \times 100\%$$

针对高校的偿债能力，高校资产负债率可对此进行较为直观化、综合化的反映，在全方位比较和分析负债和资产两项内容后，基本上可以推断高校多少资产是通过举债获得。一般情况下，高校资产负债率与债务责任呈正相关，资产负债率越高，所对应的债务责任、无法按时偿还到期债务以及财务风险发生的可能性越大，但从债权人角度来看，不断升高的资产负债率，对自身权益产生极大威胁。大量研究实践表明，高校资产负债率在30%~60%较为合适。

2. 流动比率

$$流动比率 = 流动资产 / 流动负债 \times 100\%$$

流动资产与流动负债两者之比所反映的正是流动比率，流动比率作为一种特殊的财务指标，在高校短期偿债能力分析方面较为常见，主要解释的是高校流动资产对偿还到期流动负债的保障程度在偿债能力判定过程中，流动比率是其中一项十分重要的指标，银行在受理贷款业务时，均以流动比率作为参考，从而实现对企业信用水平的综合判定。通过分析总结认为，2∶1以上是流动比率较为合适的范围。一般情况下，面对流动负债高校常以流动资产作为偿还资金，流动比率越高，此时流动负债的偿债能力则会得到更好的保障。从另一角度来看，应尽可能地避免流动比率超出规定范围，如果比率过高，则表明高校流动资产占用了太多资源，极大降低了资金效益。

3. 债务率

$$债务率 = 负债总额/收入总额 \times 100\%$$

高校负债总额与总收入所构成的比例关系可在一定程度上形成对高校总债务水平的集中反映。债务率水平不断攀升，则表示高校逐渐丧失了在债务偿还方面的能力，高校目前所获取的相关收入，对债务的全额偿还能力下降；相反，若债务率水平呈逐渐放缓态势，则表明高校所获取的收入总额对全部债务的偿还能力提升。一般认为，高校债务率在50%~140%较为适合。

4. 后勤及校办产业资产负债率

$$后勤及校办产业资产负债率 = 后勤校办产业负债总额/后勤校办产业资产总额 \times 100\%$$

当后勤及校办产业资产负债率较高时，将加剧其在财务方面的风险程度，这也是高校其他各类财务风险的产生根源。努力将后勤及校办产业资产负债率维持在合理区间，能够在一定程度上确保高校在经济效益和社会效益方面的双重获得。一般认为，高校该指标在40%~70%较为合适。

5. 短期偿债能力

$$短期偿债能力 = (现金及银行存款 + 债券投资 + 应收及暂付款 + 借出款 + 基本建设应收款 + 基本建设货币资金 - 借入款项)/(应付及暂存款 + 1年期以内贷款 + 其他借入款 + 其他应付款 + 基本建设应付款)$$

对于流动负债而言，高校以流动资产对其偿还的保障程度就是短期偿债能力的体现，其中基础建设部分也属于此范畴。该指标值越大，说明高校短期偿债能力越强；相反，则高校短期偿债能力越弱。一般认为，高校该指标在0.9~1.15

为宜。

6. 现实支付能力

$$现实支付能力 = 货币资金 / 月平均支出$$

$$月平均支出 = 年支出总额 / 12$$

现实支付能力所反映的主要内容是，在某一时期内高校所持有的货币资金能够维持多久的正常开支。当高校具备较高水平的现实支付能力时，则表明高校日常开支有足够的货币资金作为支撑条件，这种较强的偿债能力还表现在负债到期时仍有足够资金进行债务偿还。一般认为，高校该指标在 4～7 为宜。

7. 潜在支付能力

$$潜在支付能力 = （货币资金 + 应收票据 + 借出款 - 应付款 - 应缴财政专户 - 应交税金）/ 月平均支出$$

高校日常周转资金和机动使用资金量比率越高，则高校可基于此获取的潜在支付能力越强，但需要注意的是，应避免这一比率的无限升高，否则就要考虑其阻碍发展的资金量大小。一般认为，高校该指标在 3～5 为宜。

（二）运营能力

运营能力常指高校在受到其他外部环境因素的约束后，为确保预期财务目标的实现，尝试通过重新配置和组合高校各类资源，如人力资源、物力资源等途径维持自身运营能力。一般情况下，在选取运营能力相关指标过程中，要确保所选指标能够形成对高校财务管理能力的综合反映。一旦这些指标出现超越警戒线现象，则可能导致高校财务资金运转困难。本研究活动在实际开展过程中，为能够更加系统、全面地反映高校的运营能力，选取了 8 个定量指标，具体如下：

1. 公用支出比率

$$公用支出比率 = 公用经费支出 / 事业支出 \times 100\%$$

高校应尝试通过多种途径对当前阶段自身资金支出结构进行逐步完善和调整，提高公用支出在总支出中的比重。一般情况下，如果公用支出比率较大，则表明高校在教学事业方面投入了大量资金；反之，若公用支出比率较小，则表明高校资金有限，且大多用于人员经费。针对这一现状，高校应优化当前支出结构，努力提高公用支出在总支出中的占比。一般认为，50%～75% 是合理的公用支出比率范围，高校为确保自身处于该范围内，需在各方的共同努力下不断提升收入总量，加快公用支出比率的全面提升，并适当地将资金投入各类有助于高校自身发展的领域范围。

2. 经常性收支平衡比率

$$经常性收支平衡比率 = 支出总额 / 收入总额 \times 100\%$$

当支出总额＞收入总额，经常性收支平衡比率＞1，则高校本年度出现赤字，高校可用以前年度结余或通过举债实行资金平衡；而支出总额＜收入总额，经常性收支平衡率不足 1 时，则高校财务状况良好。一般认为，高校该指标在 0.8～1.2 为宜。

3. 自筹收入比率

$$自筹收入比率 = 自筹收入 / 总收入 \times 100\%$$

$$自筹收入 = 事业收入 + 其他收入 + 经营收入 + 附属单位缴款$$

当高校自筹收入比率较高时，说明高校可通过多种渠道获取可观资金，并将这些资金投入日常办学经营活动，可一定程度缓解高校对地方政府财政拨款的过度依赖性，通过这种自主探索形式不断拓宽资金渠道，高校具备了较强的自主发展和办学能力。从相对动态化的角度来看，自筹收入比率还在一定程度上集中反映了高校在自筹资金过程中的努力程度，并以其他院校作为参考从横向和纵向两个角度与自身比较，比较结果可集中反映高校办学经营和财务管理水平。一般认为，高校该指标在 30%～50% 为宜。

4. 应收账款占流动资产比率

$$应收账款占流动资产比率 = 应收账款 / 流动资产 \times 100\%$$

应收账款占流动资产比率可作为衡量高校信用质量和水平的一项重要指标。如果应收账款在流动资产中占比较大，则表明高校可以灵活应用的资金被压缩，周转资金不足，可能会面临来自不同方面的财务风险。一般来说，应收账款在高校流动资产中的比重应控制在 20%～80% 为宜。

5. 应付账款与应收账款比率

$$应付账款与应收账款比率 = 应付账款 / 应收账款 \times 100\%$$

应付账款与应收账款之比重对高校占用资金和被占用关系的全面分析与综合考察，如占用资金和被占用资金的协同性、稳定性等。一般认为，100%～140% 是高校应付账款与应收账款的合理比率范围。

6. 应收账款占总资产比率

应收账款占总资产比率 =（应收账款 + 基本建设应收款）/ 总资产 × 100%

应收账款占总资产比率中的应收账款含有一部分基本建设内容，该指标主要是对此在资产部类合计中的占比以及应收项目所占资金比率的合理性进行综合考察，但从某种程度来看，这种考察一定程度上不利于资产使用效率的全面提升。如果这一指标不断提升，则表明在高校总资产中应收账款的占比逐步扩大，无形中提高了相关财务风险的发生概率。一般认为，高校该指标在25%～35%为宜。

7. 基建支出依存度

基建支出依存度 = 基建负债 / 基本建设支出 × 100%

基建支出依存度是基本建设累计负债除以基本建设累计支出的比值。该指标在核心考察内容上主要表现为借款或贷款在基建支出金额中的占比，并且该指标在一定程度上反映了高校基建对负债的依赖程度。一般认为，该指标的合理范围需设定在20%～70%。

8. 基建负债占资金来源比率

基建负债占资金来源比率 = 基建负债 / 资金来源合计 × 100%

不同于其他指标，该指标主要围绕基建资金来源中负债占比进行重点考察。一般认为，高校该指标合理范围在30%～60%。

（三）收益能力

高校是否能够在日常办学活动中获取一定的经济效益，收益能力是最直接的反映。近年来，随着国内高校发展的日益规模化和数量化，高校内部矛盾日益突出，其中以教育事业发展与资金供给两者之间的矛盾最常见。这一矛盾的不断演化，使得社会各界纷纷将研究重点转移至如何通过各种有效途径充分发挥高校自身办学特色，并借此提升自身社会和经济收益。且具体到各高校自身而言，其在收益能力方面的强弱尤为关键，关乎高校未来整体运营和发展的高效性、稳定性和持续性。

若高校收益能力不达标，与预期指标效果存在差距加大，则表明高校可用于教育事业发展的资金极为短缺，这也是财务风险产生的原因之一。为更详细、全面地反映高校收益能力，本研究选取了2个重要指标，即资产收入比率、净资产收入比率。

1. 资产收入比率

$$资产收入比率 = 收入总额 / 资产总额 \times 100\%$$

当资产收入比率达到一定水平时，表明高校资产投入获得了理想收入，或者高校少量资产投入却获得超额收入，这一情况下可证实高校在收益方面的超强能力；相反，则不具备强大的收益能力。一般来说，高校资产收入比率的合理范围在 35%～75% 为宜。

2. 净资产收入比率

$$净资产收入比率 = 收入总额 / 净资产 \times 100\%$$

若净资产收入比率越高，则表明高校的投入产出越高，此时意味着高校收益能力越强；反之，高校收益能力越弱。一般认为，高校该指标在 45%～90% 为宜。

（四）发展能力指标

对于高校而言，发展能力是对自身财务目标和发展目标的集中反映，也在一定程度上体现了高校在不同领域的能力水平，如收益能力、偿债能力和运营能力。高校是在收益能力和偿债能力方面所做出的努力，其目标都指向一个目标，即高校未来生存和发展。为更系统、全面地反映高校发展能力，本研究选取了总资产增长率、净资产增长率以及自有资金动用比率 3 个指标作为研究内容，具体如下：

1. 总资产增长率

$$总资产增长率 = 本年总资产增长额 / 年初资产总额 \times 100\%$$

总资产增长率是从总资产增加额角度衡量高校自身发展能力的重要指标。

总资产增长率较高，则表明高校年度内资产状态良好，且处于一种不断扩张状态。但需要注意的是，不能一味地突出总资产增长率的重要性，防止与高校实际情况相脱离，盲目扩张。一般认为，高校该指标在 0～20% 为宜。

2. 净资产增长率

$$净资产增长率 = 本年净资产增长额 / 年初净资产 \times 100\%$$

净资产增长率是本年净资产增长额除以年初净资产的比重，判断高校各类净资产增值情况和发展潜力时，大多需要以净资产增长率作为参考条件。一般认为，高校该指标在 5%～30% 为宜。

3. 自有资金动用比率

自有资金动用比率 =（应收及暂付款 + 对校办企业投资 + 其他投资 + 借出款）/（事业基金 + 专用基金 - 留本基金）× 100%

自有资金是学校事业基金、专用基金、科研和事业项目结存等可用于学校日常周转使用的资金。高校支配自有财力的程度一般用自有资金动用比率来衡量。该比率越小，表明高校可动用自有资金的程度越高。一般认为，高校自有资金动用比率在 90%～150% 较为合适。

四、高校财务风险防范措施

（一）树立风险意识，重视高校财务风险的管控

若要从根本上有效规避财务风险，高校需从校内领导和财务人员着手，进一步强化各级风险防范意识。高校管理层作为办学业务运营之本，需格外强调对风险防范相关知识的了解与掌握，在决策制定阶段，结合院校实际发展对可能产生的风险进行提前预测，预估高校风险抵御和承受能力，提升决策的严谨性和自觉性，努力朝高校所预期的财务安全目标和效益目标前进。

高校财务相关管理层需充分意识到除了财务风险外，高校还面临来自债务方面的各种风险，如果高校银行债务风险有所降低，则意味着新财务风险的形成，如超前使用换代资金、社会融资渠道、隐性债务形式、各方搭接的借款方式；等等。

新时代背景下，广大高校需进一步加大对财务风险管控的重视程度，在构建经费管理机制的同时，要确保整个体系运行的规范性、有效性和安全性，引领和促进学校健康稳定发展。

（二）完善机构设置，落实风险管控责任

高校在划分经济责任过程中，除了要考虑相关领导机制之外，还应将校内机构设置情况纳入考虑范围内，具体划分层次主要参考以下几项：校长、财务处长、总会计师、二级单位财务负责人、基层单位财务人员等。不同层级人员所承担职责范围不同，彼此之间相互制约，共同组建起一个有机的统一整体。当财务危机发生之时，各层级通过彼此之间相互协作施行有效的控制措施，进而达成对

财务风险有效化解的目的。若无较大财务危机，各层级能够对可能发生的财务风险进行预测和监督，一旦风险发生，予以及时、有效的控制和解决。与此同时，还应进一步加大财务公开力度，针对财务、资产以及财务管理相关制度，财政性资金、受赠财产管理使用情况以及学校年度经费预算决算方案、经费来源等各类信息，高校都应主动予以公开。这种公开化、透明化的财务管理，不但便于社会对高校财务信息的监督，而且能够在一定程度上确保高校财务信息与相关规定相符。

（三）建立基本建设规模控制系统

在基本建设活动过程中，高校同样应当不断强化风险意识，根据基本建设规模完成对相关控制系统的建立，借助系统完成对各立项项目，如新增和续建内容进行科学、合理的控制，确保基本建设支出符合规定。

第一，在建立相关项目前，相关高校应从学生规模、基础设施规模、工程款拖欠情况、在建工程情况以及现金流量等多个角度出发，对相关项目进行控制标准的有效设定，其中基础设施规模应作为高校重点控制项目。

第二，高校应基于自身资金实力和未来发展需求，建立与基本建设项目相适应的调控机制，对基本设施规模进行科学、合理的控制。另外，需要格外注意的是，应尽可能地避免在资金紧张时期或贷款偿还时期，开展基建项目建设。

第三，进一步强化对基建项目的财务管理。在基础建设项目开展过程中，增强对财务的管理和监督，可有效控制基础建设成本在预期限额范围内。负责基础建设项目的相关财务人员，可根据各个基建项目有针对性地编制相应的财务报表，在报表中完成对各项目评价指标的计算，并在考虑各个筹资渠道特点的基础上，对相关解决路径和方法进行重组，确保财务预测分析的客观性、公正性和实效性。

（四）加强学校内部审计监察

针对内部审计工作，高校应进一步加强对这一领域的监察，应在法律法规、国家政策等审计内容的基础上，扩展至监督、监察、反馈、跟踪校内政策、制度、计划等的执行情况和效果。同时，将高校风险管理内部控制以及管理过程的有效性作为指标进行综合评价，并根据评价结果进行系统优化和完善，推动高校综合管理服务水平的全面提升。另外，新时代背景下，学校的贷款渠道除了银行外，还有大量非银行融资渠道的加入，这一变化使相关内部审计部门需格外注重对高校资金获取渠道的审计，特别是要将一些通过非正常渠道所获得的贷款或结果作为重点控制对象。高校应对资金获取渠道的正规性、潜在风险等进行重点审计，从源头遏制风险的发生。

（五）规范高校会计核算

《高等学校会计制度》是高校会计核算工作开展过程中必须严格遵守的一项制度内容，该制度的执行可确保高校会计行为的规范性，为会计信息质量提供可靠的保障，且会计核算的标准性与规范性，对于会计核算的综合统一具有积极的推动作用。在本次研究过程中发现，部分高校以应收账款的贷方形式替代借款，以达到入账的目的，而应收账款中除了基建的借款外，基建的额外的工程款也包含其中。如此一来，高校的负债情况被很好地隐藏起来，无法实现对高校财务状况真实、有效、准确地反映，导致高校相关管理层难以通过初步监察和管理察觉其中所潜藏财务风险。因此，在开展会计核算过程中，高校应最大限度地确保各会计科目口径、可比性以及处理方法的高度一致性。

（六）加强高校预算管理

对于高校而言，除了上述对策之外，还应进一步健全与完善相关预算管理制度，确保预算管理真实有效地落地，使之成为抵御财务风险的有效路径。

第一，围绕原有预算方法进行调整和改善。高校可尝试以定额预算法和零基预算法作为切入点，将两者有效糅合，例如，可以通过灵活应用定额预算法对一些特定项目进行预算。高校在预算编制过程中，除了要确保所编制教育经费支出内容与国家相关法律政策相符外，还确保开支标准核定预算额度也符合当前政策。零基预算法则主要应用于根据未来工作任务而发生的预算项目，需格外关注的是，高校应将以前年度项目费用排除在外，将"零"设为未来经费支出的起点，在不脱离实际的情况下对费用的合理性、费用的金额是否超标等进行综合考察。

第二，积极构建相应的预算控制体系。高校在执行相关预算活动时，应以动态形式监督并控制预算整体执行情况，通过这种全方位的监控避免发生不良预算现象，如预算超支，形成对经费使用水平的合理化控制。同时，在执行预算决策过程中需坚持弹性化原则，一旦预算与实际严重不符，为确保高校教学工作的正常开展，可在有根据的前提下，适当地调整相关预算内容，针对未获得批准的预算调整事项坚决不予以执行。

第三，积极开展预算绩效考核任务。在完成年度预算任务后，应在与会计核算情况相结合的基础上及时编制相关预算执行报告，综合考核各部门预算执行效果，并加快完成对相关奖惩制度的构建，做到奖惩分明。

第五章 "互联网+"背景下高校财务管理的优化

当前,全球经济已经进入了以信息产业为主的新发展阶段,数字化、网络化和智能化相结合,为我国的治理创新提供了新的机遇。互联网的飞速发展为高校财务管理提供了更完备、准确的数据分析平台,同时也对传统的财务管理模式产生了较大影响。为了更好地满足大数据时代的需求,高校财务管理模式必须在观念、知识和技术上进行创新。因此,原有的以账、税、钱为主的财务管理方式就会受到很大冲击,而以信息软件、网络系统、数据分析和技术服务为代表的高校财务管理模式必将逐步取代传统的财务管理方式。

第一节 "互联网+"背景下高校财务管理的挑战及应对

一、"互联网+"背景下高校财务管理的挑战

当前时代互联网发展极为繁荣,几乎所有的传统和服务都受到了互联网的影响。在高校中,财务部门的工作是为学校师生提供财务方面的服务,同样不可避免地会受到互联网的影响,迎来发展变革的契机。

(一)传统财务管理理念受到的挑战

1.单向管理下的服务意识受到挑战

高校财务部门带有较为浓厚的行政色彩,其在高校中所处的位置较为特殊,与其他资源使用部门之间是一种单向联系,财务管理的重要职责是对资源的利用规则进行宣传,使资源使用者能培养出一种资源使用规则意识。保证资金的合理

使用和规范使用,是高校财务部门的重要职责。在这种管理模式下,高校财务部门所提供的服务具有很强的约束性和规范性,这对满足"用户"的个性化需求是极为不利的。"互联网+"时代,倡导用户的主体性地位。作为信息链条终端的用户,对于所接触的信息有自主选择接收或者不接收的权利。一些研究者从这一角度出发,认为互联网的盛行在培养大众的民主意识方面发挥了巨大作用,而民主权利的最终落实则要依靠有效的管理活动。在"互联网+"时代,高校财务管理作为服务提供方,其未来改革工作的重点方向是在满足"用户"个性化需求的同时全面增强服务意识和服务能力。

2. 封闭管理所带来的各自为政受到挑战

高校财务管理部门承担着对教育资源统筹安排的重任,并且要与资源的使用者之间保持联系,全程监督并评价资源使用的整个过程。从上述可知,高校财务管理是一种单向管理,其具有较强的封闭性,因此与资源使用部门之间经常会出现信息沟通不顺畅、监督评价滞后等情况。但是对于讲究极致思维以及迭代思维的互联网时代的财务管理来说,必须以满足"用户"的需求为己任,对管理计划及时进行调整,重视用户的反馈,并有针对性地改进,以提升服务水平。这种情况下,对于以往与资源使用部门间存在的各自为政的情况必须打破,鼓励所有部门都参与到高校财务管理工作中,这也是高校财务管理理念革新的重要方面。

(二)传统财务管理方式所受到的挑战

1. 管制型财务管理方式面临挑战

传统的高校财务管理工作承担着多项职责,不仅要合理配置教育资源,同时还要保证教育资源流动的顺畅性,重视财务规章制度的约束性,针对具体的业务行为往往会通过各种制度来规范。因此,高校财务管理者实际上也是一种规则的制定者。对于管制型财务管理方式来说,其最大的优点就是可以硬性约束具体的业务活动,确保业务活动能够在标准化下实行。但是在"互联网+"时代下,管制型管理模式的缺陷表现得越加明显,具体来说,主要表现在两方面:一方面,需要依赖他人控制与外部力量来维系执行力,但在调动起资源使用部门及人员的自我控制意识与能力方面却显得力不从心;另一方面,在刚性约束的规章制度下,项目能够规范化进行,但在这一过程中,资源使用部门和员工在面对一定环境下可自主选择方案的权利却被忽视,导致制度的实施与员工利益之间发生矛盾。[1]

2. 粗放型财务管理方式面临挑战

传统的财务管理在教育资源管理方面，主要通过人力和物力来进行相关运作，具有宏观性和粗放性，并且以学校的总体发展计划为依据。这种情况下，由于学校的人力、财力和物力是有限的，因此高校财务管理很难实现精细化管理，并且在满足用户个性化需求方面，显得力不从心。从当前高校财务管理的实际情况来看，其承担的工作量较大，所有工作主要由人工进行，导致财务部门在年底或者月末时工作量剧增，经常会出现加班情况。在"互联网+"背景下，高校传统财务管理模式的这种弊端更加凸显。

二、"互联网+"背景下高校财务管理的挑战及应对

"互联网+"大数据是一种新的社会形态，是在互联网发展和创新过程中衍生出来的。随着新型数字化模式，如大数据、云计算等技术的兴起，很多学校都开始紧跟时代潮流，抓住"互联网+"发展的这一新机遇，开始将数字化、信息化融入高校管理中。高校财务管理对互联网新技术的运用，必然会带来一种全新的财务管理理念。

（一）高校财务管理的观念创新

1. 协同意识将取代传统的单线思维

通过"互联网+"技术，可以将类型不同的大量数据信息资源汇集在一起，形成一个相互连通的系统。以互联网技术为依托搭建起来的数据平台，可以实现用户和数据之间的交流和沟通，实现不同数据信息资源的广泛流通。因此，对于高校财务管理来说，在"互联网+"环境中，必须建立协作意识，将信息发送者、用户和监管者等，通过网络信息技术融合在一起，形成一个集成管理系统，提高全体师生财务管理意识。

2. 开放意识将取代传统的封闭意识

传统的高校财务管理运行较为封闭，在"互联网+"环境下，高校要改变这一管理理念，实现校内不同部门间的信息沟通，真正实现各种数据信息资源的开

---

[1] 赵瑞. 高校财务信息化建设研究 [J]. 企业科技与发展，2019（1）：2.

放和共享。信息发送者通过互联网技术，可以把相关信息传送到信息接收者手中，如高校各职能部门和工作人员等，从而使所有信息相关者都能掌握信息的流通状况，及时实现有用信息的扩散和上传，全面提高高校财务管理效率。

3.个性化将取代传统的模板化意识

相关研究专家认为，"互联网+"的发展，会推动管理不断升级。为了满足"用户"日益多样化的需求，高校财务管理必须改变以往重视组织内部转移的情况，开始转为重视组织与外部"用户"之间的沟通和联系。为了提高"用户"的满意度，满足"用户"的个性化需求，高校必须加强对互联网技术的运用，改变以往财务管理服务模块化情况，提高服务的灵活性、及时性和便捷性。

（二）高校财务管理的方式创新

在当前"互联网+"快速发展的背景下，高校财务管理应当紧跟时代发展潮流，对管理方式进行变革和创新。对各部门的资金使用情况进行监督，并对其使用过程进行合理规划，这是高校财务管理部门的主要职能。而实现这一职能的前提条件是准确、及时和有效的财务工作。因此，当前高校财务管理面对的一项重要课题就是通过互联网技术对财务管理工作理念和方法进行革新。

1.以"互联网+"打造智慧化管理方式

随着时代的发展，传统的高校财务管理已经不能满足人们的需求，因此必须对其进行变革。为了改变传统财务管理的弊端，高校应当抓住互联网发展的机遇，依托先进的互联网技术，对高校财务实行智慧化管理。所谓的智慧化管理，实际上就是要实现对财务管理软件的高效利用。从当前我国高校财务管理的模式来看，已经建立起较为完善的功能模块，并且可以进行实际操作和运行，但各个模块间的功能不能实现全面连通，无法满足人们高效运行的需求，这是财务管理的较大弊端。为了解决这一弊端，高校应当加大对财务管理业务的投入力度，增加更为丰富的外部数据接口，实现对数据平台的改进和升级，以此提高信息数据的传输效率和准确性。此外，高校还应招募一批拥有扎实财务基础及计算机技术的复合型人才，全面提升财务管理人员的综合素质和实践能力，为财务管理的升级提供必要的人才保障。为了加强信息在校园内的流通与共享，高校还应推行财务共享服务，确保各部门都能从该服务系统中提取出所需要的信息，以此减少部门间的数据重复收集，实现对信息的统一处理，明确各部门和工作人员的权责，降低财务风险的发生概率。

从上述可以看出，所谓的高校财务智慧化管理，实际上就是实现人和软件智慧的有效结合，满足"用户"的个性化需求，提升"用户"满意度。

2. 以"互联网+"打造集约化管理方式

将互联网技术应用到高校财务管理中，可以全面提升财务部门的工作效率，降低对人、财、物等方面的资源损耗，加强全体人员的协作性，促进其共同参与。"互联网+"时代，在信息的传递和接收中，每个人都发挥了重要作用。高校也不例外，其内部所有的部门和人员都承担了发送信息和接收信息的双重责任。通过建立高效财务管理数据平台，可以实现各种信息的顺畅交流，不仅能提高对教职工的服务效率，同时降低了财务人员的工作负担，使工作效率大大提高。目前，很多高校的财务部门已经实现了信息化管理，将财务软件应用于财务管理的各个方面，包括预算管理、科研经费管理、政府采购管理、资金管理等，同时包括学生学杂费收费管理、教职工工资发放管理、校园固定资产管理等，全面提升了财务管理的系统化水平，实现了学校财务的集约化管理。

3. 以"互联网+"打造精细化管理方式

在"互联网+"全面发展背景下，形成了一种互联网思维模式，该模式的最大特点就是迭代思维。迭代思维，顾名思义，就是一种精细化、持续性的开发方式，以人为中心对产品进行循序渐进的改进，在改进过程中允许缺陷的存在，经过不断尝试和技术迭代，实现对产品的改进和完善。迭代思维有两个特征，一是细致，二是快捷。所谓细致，指的是要对用户的心理进行细致的揣摩，对用户信息把握得越准确，开发出来的软件就越能被用户接受和便捷使用。快捷指的是开发软件更新速度要快，以满足用户不断变化的个性化需求。高校财务管理处于"互联网+"环境下，必然会受到迭代思维的影响，在对数据平台和信息源终端的保护，以及规划和监督特定业务方面，都要实现精细化管理，在项目的设计和实践运行阶段，都要实现精细化操作。

第二节 "互联网+"背景下高校财务管理的优化

在"互联网+"快速发展背景下，大数据和人工智能等现代化技术得到普及，高校财务管理必须合理运用这些技术，对财务管理进行持续优化和创新，这对提高学校财务管理效率，实现财务管理智能化、科学性具有重要作用。对"互联网+"技术的运用，不仅可以推动高校财务管理实现现代化，同时也是提高财务管理工作质量的巨大推动力。

一、"互联网+"背景下高校财务管理优化原则

（一）全面协调，强化各部门之间的联系，最大限度地发挥协同作用

整体观念和系统观念的建立，是进行财务管理变革的先决条件。高校要站在全局的角度，依据自身的发展规划和学校的发展规划，结合相关部门的管理需求和本校的具体条件，制订一套完善的工作方案及实施步骤。此外，高校还要注重对制度方面的建设和完善，搭建组织架构，全面理顺高校人事、教务、资产、科研等各职能部门以及财务部门之间的业务衔接，使协同效用得到最大限度的发挥。

（二）以现实为基础，做好可行性分析，确保最大成本效益

面对目前比较严峻的经济形势，高校要牢固树立"过紧日子"的思想，要坚持勤俭节约，管好每一分每一毫。在此背景下，对大学的财务管理进行优化和改革，就需要从学校内外两方面入手，对资金使用方案进行可行性分析和论证，在保证资源使用合理和可行的同时，实现成本效益最大化。

（三）与时俱进，引进长期考核修正机制，最大化发挥管理效能

随着科学技术的不断发展，高校的信息化建设也在发生变革。高校财务管理的优化和改革，是一项长期而又困难的工作，需要在编制和实施的过程中，对其进行修正和完善。利用信息化技术，优化和改革高校财务管理，提高财务工作效率，最大限度地发挥管理效能。

（四）以人为本，提高员工业务素质，最大化发挥员工作用

财政部已明确要求，要主动推动会计工作的变革与提高，充分利用其在战略管理、预算管理、成本管理、运营管理、投融资管理、绩效管理、风险管理等方面的指导作用，促进高校提高自身的财务管理水平，提高预算绩效。这就要求高校财务会计人员要拓展业务能力，实现向复合型人才的转变，全面加强和提高自身的专业知识和技能。

二、"互联网+"背景下高校财务管理优化方案

（一）坚持以主业为本，优化财务管理程序

第一，要以"互联网＋财务"为导向，转变传统的财务管理理念，实现高校财务由核算型向管理型转化。弱化会计核算、收付等基础业务，同时加强对预算管理、财务分析、绩效管理、风险控制等方面工作的重视和管理。在高校的重大决策中，充分发挥财务管理的决策依据作用，进而提升学校的管理水平。

第二，高校要改变传统的"线下"运营模式，逐步转变为"线上"为主＋适度"线下"的运营模式。高校财务部门要及时对线下业务进行清理和调整，把一些专项业务，如物资采购、用印、招投标等，通过互联网技术进行线上办理相关的业务审批、财务报销审批、票据申领、退单处理、政策咨询等工作，将预约办理作为重点，现场办理则作为辅助工作程序，改变以往工作效率不高的情况。

第三，建立并推广财务专员对接服务制度，探索院系与项目组的财务助理制度。❶ 教师将原始电子凭证发给财务专员，经财务专员初审后，再进行网上预约办理业务，可以有效地提高报销质量，提高师生报销的满意度。财务专员参与到项目的全流程，在前期论证、中期实施、后期评审等阶段，对科学编制预算、合理利用资金、提高资金使用效率等方面具有重要意义。

（二）改革工作理念，优化财务报销方式

在学校的教学、科研、行政管理等各项工作中，财务部门是一个重要的保障部门，其还能保证相关工作的正常运行，因此，必须对财务报销方式进行优化与

---

❶ 宋振水．"互联网＋"视域下的高校财务管理创新研究[M]．西安：陕西科学技术出版社，2022.

升级。以往必须在固定场所办公的限制，可以通过 OCR 程序、在线审批和电子签名技术等智能手段予以解除，根据待处理项目的轻重缓急将其分类，可以大大提高审批效率，增强业务处理的灵活度。

（三）增强服务观念，优化财务服务方式

进入"互联网+"时代，传统的线下高校财务服务模式，应逐步向"线上"的数字化和实时化转变，从深度和广度上拓展财务服务。高校要重视建立在线财务平台，全面搭建不受时间和空间限制的智能化财务服务系统。比如，高校可以设立自动投递机，可以全天提供接单和退单服务，为师生提供便利；通过建立完善的预约报销系统，保证师生对报销进度的实时掌控；完善网上支付系统，增加第三方支付平台，拓宽支付渠道；实现会计凭证的可视化，以及对各类凭证的在线查询，报销人员可以随时随地下载，便于财务人员的审核和验收；通过网站、办公自动化系统、网上直播等手段，加大对财务政策的宣传力度。建立手机财务平台，推行"微财务"的管理模式，主动地朝手机 App 的轻型化方向发展，比如，可以开通财务微信公众号，增强消息的及时传递，拉近师生间的距离。

（四）注重以人为本，优化财务人力资源配置

在高校的财务工作中，会计是一个非常重要的角色。首先，高校财务部门要从学校整体发展的角度出发，树立"以人为本"理念，不断开拓思维，重视财务专业人才的培养，通过网络学习平台，如专门的业务视频会议、微课堂、短视频平台等，开展对员工的培训与继续教育工作。基层高校财务人员也要注重对自身职业素养和专业素养的提升，提高信息化管理水平，增强自身对财务数据的处理和分析能力，逐步转型为优秀的复合型人才。此外，高校人事部门和组织部门要在职称改革和职务晋升中引入业绩评价体系，以调动财务管理人员的工作积极性和主动性。

（五）扩大数据信息共享范围，完善财务管理系统

随着数字经济、远程办公、网络教育等信息技术的迅速发展，"智慧校园"平台建设也被提上了高校财务改革的重点项目。所谓的"智慧校园"平台，实际上就是一个财务综合管理平台，集预算管理、账务核算、财务分析于一体，与学生收费、工资待遇、票据管理、档案管理等多个子系统互联，实现高校财务在多个环节的有效管理与控制，包括财务预测、决策、执行、监督、考核等，使高校

财务管理水平得以全面提高。高校师生通过"智慧校园"平台,可以进行统一的身份认证系统和信息入口,对业务申请、信息查询、业务审批、信息反馈等业务可以在线申请处理,大大增强了财务业务处理的便捷性与灵活性。学校采购、资产、人事、科研、教务、学生、一卡通等管理体系,可以通过共享接口实现互联,能够实时共享跨部门信息,可以集成与融合各部门的业务流程,有助于消除"信息孤岛"现象,提升信息高效传递的效能。

第三节 "互联网+"背景下高校财务的信息化管理

随着数字化技术的不断发展与应用,高校财务管理工作也面临着改革与创新。一方面,高校财务管理工作系统要实现全面信息化,将先进的信息网络技术应用于其中;另一方面,财务管理工作人员要转变思维模式,适应信息时代财务运作的新模式与新方法,不断提高高校财务管理工作效率,在一定程度上缓解高校面临的财务问题。

一、高校财务信息化管理概况

21世纪以来,信息技术飞速发展,成为社会经济发展的强劲推动力。为了适应当前社会经济信息化的发展,高校财务管理人员要全面准确地认识信息化给校内及校外形势所带来的变化,以此不断提高财务工作效率。

高校财务管理工作得以高效地展开,催生了网络财务,实现了财务与业务的协同,在一定程度上达到了节约资源的目的。所以,高校财务管理人员应该紧跟当下网络环境最新形势,创新财务管理理念,实现财务工作信息的网络化,加强信息与信息之间的交流机制,实现部门与部门之间的信息共享,最终为高校提供全面的战略信息和财务报告。

(一)当前财务运作模式存在的问题

当下实现高校财务管理工作的创新与改革,最重要的一点是要实现信息技术的创新与发展。也就是说,高校要不断改革与创新财务信息的搜集、整理、加工、传递、存储、检索相关的技术与方法，创新与改革计算机技术、网络技术、通信技术等。目前，我国某些高校忽视了对软件运行过程的维护与升级，不注重软件与时俱进的更新速度，以致在一定程度上阻碍了高校财务工作的高效运行。除此之外，网络化程度较低等现实问题也给当前高校财务管理工作带来了不便。因此应该不断推进高校财务管理工作的技术创新，以保障财务管理工作顺利高效地运行。

1. 会计管理信息传递滞后

高校财务管理工作的传统运行模式是静态财务管理模式，管理者开展工作参考的是上一会计期间的相关信息及资料。管理者不能及时地掌握高校中正在进行的财务业务与活动，会计信息的录入与完善具有延迟性，由此造成财务管理人员无法实时查看与确定高校各部门的财务状况，当高校领导做出相关决策需要一定的财务信息作为参考时，传统的高校财务管理状况无法提供准确数据，因此当前高校资金的运行迟滞，并且下属二级院校因为会计信息的延迟而无法顺利及时地开展校务工作，对高校管理、预算编制、执行、分析和宏观调控造成重大影响。

2. 会计信息结果反映失真

在高校传统财务运作模式中，算盘、纸张、计算器是较为常见的运算工具，工作人员需要通过手工操作逐步完成财务计量与核算工作。高校在开展招投标项目工作时，传统的财务操作模式因为时间、空间等的限制，不能准确、快速地为项目预算做出审核。除此之外，因为财务工作人员自身技术与水平的差异，在开展财务工作时可能造成财务工作流程不规范、财务科目设置不合理、财务信息有失准确等问题。

3. 会计信息掌握不全

高校的会计管理不够健全，首先，高校收费系统不完善，高校每年招收学生，收费成为非常普遍的问题，其收费项目较多，收费金额相对较大。其中有些高校出于筹集资金的目的而增加收费项目或提前收取学杂费。这种乱收费现象在社会中引起了强烈反响，给高校形象造成了负面影响。其次，高校票据管理不完善。高校财务工作人员在处理票据时，票据的申购、入库、出库到收款开票存在一定时间差，因此有时会出现票款不符的情况。最后，学生欠费查询系统、学生个人信用信息系统构建不完善。高校不能准确及时地了解学生欠费的动态情况，以及其毕业后的去向等，因此给欠费的追缴工作带来一定困难。由此造成的另一个问题是，欠费学生人数逐年增多，学生欠费总额越来越高，甚至在一定程度上影响了高校财务工作的正常运行。

4. 会计监督流于形式

在传统财务运作模式下，各高校的财务监督基本上是事后监督，会计的工作全靠手工方式完成，这样的工作繁重且容易出错，实物检查、账目核算、报表制作等各个阶段都需要耗费大量的人力、物力、时间成本。加上财务管理不规范，只要不是严重的违纪行为一般都不加以追究，其问题和漏洞百出。

（二）高校财务管理信息化的意义

1. 增进高校管理效益

经济与教育之间存在密切的联系。首先，经济在一定程度上制约着教育的发展；其次，教育在发展的同时推动经济不断向前发展。高校可以建立一个完善的指标体系作为衡量高校整体状况的标准，高校管理的好坏可以通过财务提供一些数据来作为理论支撑，高校进行各项教学活动都可以通过详细、准确的财务信息进行展示，这就是高校财务管理的重要作用。提高高校财务管理人员的水平可以提高高校的管理效益。

2. 支撑高校投资需求和资金量

与基础教育有所区别的一点是，高等教育中要求的教学仪器更加精密，花费的资金也更多，因此要筹办一所高校需要花费较多资金，同时也要耗费较长的时间。为了使教育资源实现优化配置，促进高校财务工作科学高效地运转，政府在给予一定的行政拨款的同时，对学校本身的事业基金和专用基金等自有资金结余，都继续滚存结转至下年留用。

二、高校财务管理信息化技术与方法创新

以下从构建财务综合信息系统、财务信息查询系统、动态报告系统、信息风险控制系统和绩效评价与决策系统、云计算支持的财务管理系统六个方面阐述高校财务管理信息化创新。

（一）构建财务综合信息系统

1. 构建财务管理和工作的现代化信息技术平台

网络的普及与发展，信息基础的迅猛发展，这为高校财务管理工作的创新与改革提供了契机与条件。现代化信息技术高校财务人员进行科学化的技术管理，可以建立满足财务管理需求的信息平台，通过这种平台来推动高校的财务管理工作，也可以为高校的高效运行和决策提供参考依据。高校财务信息平台可以从对信息的处理开始，我们要对会计、财务方面的信息进行分类、分级管理，对数据信息进行核对和筛查，保证信息的准确无误，然后再对财务信息进行加工、处理、分析、汇总、整合，形成报告、报表等直观方式，为领导层做决策提供参考依据。

具体做法：①分类。对数据信息按照一定的标准分类。例如，根据数据的来源区域，信息可分为校外与校内；根据数据的核算范围，信息可分为全局和局部；根据数据的录入频率，信息可分为日常和突发；根据数据的重要程度，信息可分为重要和一般；等等。②分级。财务管理人员在核对、确定财务信息的涉及部门、重要性及时效性之后，及时将相关信息送达相应的层级与部门，保证信息传达的合理性、准确性和及时性。③核对筛选。财务管理人员需要对初始数据进行检查与核对，将不准确、不正确、不全面的信息挑选出来做进一步修正补充与完善，以保证最终财务信息的准确、正确与完整。④数据处理。数据只是"对特定的目的尚未做出评价的事实"，财务工作需要对其做进一步整合与加工，最终才能产生对实际工作有用的信息。⑤分析。初始数据往往是庞杂而大量的，财务工作人员要根据数据使用的目的对其进行分析、总结，并且使其得到正确的判别，为合理化建议的提出提供理论参考。❶

2. 组建财务综合信息系统模块

会计核算系统是财务信息系统的核心过程。随着我国财政政策改革的持续加深，高校对资金的管理水平也需要不断地提升。随着信息技术的不断发展与创新，高校将信息技术引入财务管理过程中，保证财务人员输出信息的准确性与实

---

❶ 欧阳玲.高等学校财务管理信息化的现实思考[J].教育财会研究，2011，22（3）：15-17.

用性。除此之外，财务管理人员也不能放松对资产和工资的管理，财务工作人员可以选择将师生关心的财务信息发布到相关的财务信息平台上，以便财务信息需求者更加方便与准确地了解财务信息。

3. 进行前瞻性、全面化的财务信息管理平台的构建

当前，高校在推进会计网络化的过程中还存在许多问题，例如，财务软件运行卡顿，还无法与多种软件兼容，不能抵抗病毒的攻击等，这些问题使得高校财务人员在使用软件时引发了许多问题。所以，我们要构建一个前瞻性、全面化的财务信息管理平台，加快会计信息流通和传递的途径。

第一，建立集中式财务管理体系。要实现财务信息核算的及时性，能够将某项经济活动开展期间的财务状况动态地反映在财务报表中，实现财务人员网上办理收支事项等。

第二，协同处理财务与管理业务。财务管理人员要使高校财务工作实现物流、资金流、信息流与票据流的整合统一，能够实现财务信息在相关部门之间自由流通与分享。

第三，构建会计信息交流的有效空间。进行会计网络服务和网站建设，在开发会计网络软件时要实现国际交流，促进会计信息的自由流通，为各个国家进行会计方面的协调发展提供网络空间。

4. 通过数字信息技术实现高校财务管理一体化建设

将高校的各部门和不同的业务进行联系，最终提升财务信息在各级各部门之间的传递速度，高校内部的财务信息共享程度，使信息在部门与业务之间实现流畅交换。为了实现这一目标，高校需要做好以下几项工作：全面实施资金动态监控；实时采集财务数据信息；建立"一站式"单位报账平台；实现财务业务一体化；全面强化预算管理；及时更新财务会计报表，进行汇总分析，为领导层提供决策依据；支持远程办公，利用网络平台的便利优势，将各项资金流动的趋势进行网络化管理，形成流程、趋势图；支持各种网络支付方式，对财政拨款和网上银行业务网络实现自动对账、业务查询、业务办理等进行协同管理。

（二）构建财务信息查询系统

财务信息中有些部分是需要对外公开的，这种公开可以通过网络平台来实现。财务信息查询系统要涵盖充足的财务信息与资源，保证查询人员能够在其中

备询到所需的财务数据及信息，因此财务工作人员要保证财务信息体系的连通性，保证其能够自由顺畅地实现数据交换与传输。高校财务信息查询系统包括高校教育活动中的教职工工资、学生收费管理、各个部门的预算等。

（三）构建动态报告系统

高校财务管理中引入动态财务信息管理系统有助于财务工作更加科学、准确地开展。随着经济活动的不断发生，高校各项财务核算管理工作也有序稳定进行。财务管理中会不断出现新的财务信息资源，不过原始的财务数据仅仅可以用于初级的会计信息查询，高校领导者做出相关决策时，需要参考的财务数据是经过财务工作人员整合、计算之后所得出的相应财务指标，决策者需要将本期指标与往年指标或者参考指标进行对比，以衡量当前高校财务实际状况，最终做出合理的经费使用决策。所以，完善动态的财务信息系统是十分必要的，这样才能为高校决策者提供即时动态的财务参考数据。我们要推动高校财务系统的持续升级，更好地为高校教育教学及科学研究服务，就要不断地利用更加先进与完善的会计软件深化与整合初始财务数据，以此为相关人员提供更加翔实与综合的会计信息。

对信息进行公开管理，体现了民主管理和信息共享。数字信息技术可以使财务信息的管理更加便捷和透明。相比于传统的财务信息公开模式，数字信息技术提升了财务信息的透明度，能够在一定程度上推动高校的民主管理，使高校内部各部门、各群体之间实现财务信息共享。随着高校财务管理信息化的发展，推动公开财务信息的审批程序流程化将是下一步财务管理工作的重点内容，在审批过程中要保证财务信息的科学性、准确性、有效性和真实性，同时还要做好财务信息的保密工作。财务信息公开要保留公开信息的关键要素，对于审批过程和审批结果都要留痕，以便为日后查询和民主管理提供参考依据。

（四）构建信息风险控制系统

1. 建立完善的高校财务信息管理制度

确定关键的会计岗位责任，对各个岗位进行监督和约束，在网络化运行的财务管理工作中实行责任分工，建立责任相互制约、相互监督的工作机制，在用户权限的管理上要分级进行。在财务管理操作上要保证计算机系统能够安全顺畅地工作，避免因为操作失误造成计算结果的差错。制定预防病毒的安全措施与应对黑客的防护措施，防止高校财务数据信息遭遇恶性攻击及篡改。

2. 建立健全的高校财务网络安全管理制度

通过静态数据安全和动态安全两个方面对财务网络安全进行管理。高校可以通过建立安全的数据通信协议，采用安全性能高的加密算法进行财务安全管理，还可以建立计算机安全应急管理机制，使财务信息和资金安全运行。

（五）构建绩效评价与决策系统

绩效评价就是对财务管理方面的决策进行结构化评价，可以通过影响工作中的特性、行为、结果对财务未来做出预测，也是为财务管理的领导层做决策提供数据支持。随着高校财务工作中全面引入数字电子信息技术，高校能够提供更加全面、共享、准确的财务信息，同时多种管理模型与决策方法的使用提高了高校财务工作的预测准确性，这样一方面能够准确掌握校内相关的会计核算实时信息，另一方面能够为高校领导决策提供更加准确与实时的财务核算信息，还可以满足高校领导的监管需求，以及社会公众对高校的监督与认识需求。目前，各高校不断加快自身发展速度，高校之间的竞争越来越激烈，因此高校应不断优化教育资源配置、提高经济效益、提高财务服务保障功能和财务管理水平。要实现这一目标，高校需要建立完善科学的绩效评价体系，为管理决策提供准确、全面的财务核算信息，充分利用最先进的数字电子信息技术来支持财务系统的顺畅高效运作。采用现代决策体制、原则与方法，以提高财务决策的准确性。

使用数字电子政务系统可以避免传统的信息传输方式中的错误。首先，高校要建立健全的信息管理系统，将财务管理变得简单、高效、操作性强，也是为准确提供信息资源，及时、正确地处理财务信息提供平台支持。其次，高校要建立财务、经济专家的信息管理体系。这种高级人才库的建立为财务管理提供人才保障，以及科学合理的财务管理方案，同时也是财务决策制订中的智慧团体，帮助做出正确的决策。最后，建立规范的监督反馈机制。在信息量大、信息复杂化的今天，财务管理工作已不再是传统简单的手工记账，因此在监督反馈方面也要相应地健全管理制度，按照预先的方针政策进行监督管理，最终实现财务管理全面化。

（六）构建云计算支持的财务管理系统

云技术就是现在常说的大数据技术的核心，在大数据支持下，云计算可以为其提供架构的运作平台，使用云计算就是网络计算机服务器将数据资源进行整合，加工处理后得到用户需要的反馈。高校是重要的教学和科研机构，在基础设施建设方面需要投入大量的人力、物力、财力，高校在正常运作的同时也需要财务管理的参与，这就要求高校财务购买软件、硬件等设备。云计算技术的运用可以使会计信息资源得到优化，提高高校财务管理的工作效率。高校可以根据自身的经济实力和综合水平，结合相应管理层的实际需求，展开对引入大数据和云计算技术的探讨，在综合考察之后对云计算服务和风险服务进行综合测评，最终决定是否引入这种先进的财务管理技术。大数据和云计算的应用可以为高校的管理带来便捷，同时对高校管理人员提出新的挑战，在激发财务管理人员工作积极性的同时使财务管理人员的工作能力和水平得到提升，从长远来看，引入大数据和云计算技术可以有效地降低财务管理工作成本，为实现高校治理现代化提供技术支撑。

第六章　云计算技术与高校财务绩效管理研究

财务绩效管理工作关系到整个财务管理工作的质量，对于当前工作效果的反思与未来工作内容的设计都依赖于绩效管理工作的研究成果。所以，高校财务绩效管理工作是高校财务管理工作进步的核心动力之一。将云计算技术引入高校财务绩效管理中，可以有效提高高校财务绩效管理质量。

第一节　高校财务绩效管理及绩效评价概述

在教育经济学的研究进程中，各组织和制度要按照内部元素构成规律选取有效的研究着力点，在切入问题研究过程的同时坚持元素发展的主线，在保证体系结构未受到影响的前提下，重新构建一个新的发展体系，这个元素发展主线就是研究的起点。在研究高校内部管理制度过程中，可以选择财务绩效的发展作为主线，借此对高校管理制度的创新进行剖析。

一、高校财务绩效管理

（一）高校财务绩效管理的内涵

绩效是组织为实现目标而设立的不同等级的有效资源输出值，是组织期望达成的既定目标，绩效包括个人绩效和组织绩效两种。在组织内部可以将绩效细分为财务绩效和经营绩效。财务绩效是从财务活动的角度出发对财务资金投入和产出关系进行具体分析，是财务活动目标实现情况的具象反映；经营绩效则体现了组织目标和目标达成情况，具有较强的综合性。

高校可被定义为一个多元化的组织集体，想要实现其发展目标，就需要对财务活动进行综合分析。高校的财务绩效具体是指执行高校财务活动的效率和结果，在高校财务活动中资源的投入和实际产出是否成正比。高校财务活动的成效需要从最终的结果进行分析，即高校财务资源在实现高校发展目标过程中发挥的功能与作用。

（二）高校财务绩效管理的特征

1. 多元性

高校财务绩效受到多种元素的影响，不是单一元素就可以决定其绩效最终结果，在主客观多重元素的影响下，也被其工作的特征所限制。在多种机制的协同作用下，个体工作者的工作动机和价值观念也是决定绩效最终结果的元素。

2. 模糊性

高校财务绩效不同于企业绩效，可以进行精准评估，教育是一项长期性活动，具有多样化功能，如社会功能、政治功能、文化功能、经济功能等。所以，高校财务绩效不能及时收到反馈，具有一定的模糊性。

3. 多维性

高校财务绩效需要从多个维度进行综合分析，单一的绩效评价不能充分发挥绩效的功能性作用。例如，在对院系的绩效进行科学评价时，不仅需要对学生的培养情况展开分析，还需要从学生社会实践、科学研究等硬性标准角度出发得出科学的绩效评价结论。

4. 动态性

高校财务绩效极具动态性，在其模糊性的影响下部门及个人的绩效会产生变化，略差的绩效经过时间的沉淀会得以好转，较好的绩效随着时间的推移存在变差的概率。所以，高校绩效评价需要结合绩效的动态性，对组织或个人的绩效成果持有发展的眼光。

（三）高校财务绩效的功能

高校财务绩效的有效提高需要从制度管理和成本管控两个方面进行融合探究，在建立有效制度体系的基础上优化内部的制度安排以及制度结构，通过机制的约束力规范行为准则，从而达到均衡教育过程中各主体发展需求的根本目的，同时限制了组织内部个体的独立倾向，充分激发了资金的应用效益。资金的实际应用效益需要通过合理的激励制度激发组织内个体的工作积极性，在确保正常的教学秩序的情况下通过科学手段减少各项资源的不必要消耗。将高校财务绩效视为研究重点的主要原因有：

第一，高校需要在一定经费的支持下才能保持稳定运转。财力资源决定了高校内部人力资源、物力资源等其他资源的增值和消耗比例，是资金投入效果的具象表现，同时也是高校教育质量的决定因素。财力资源的合理配置为实现高校教育目标提供了坚实的物质基础，是影响教育产出的重要因素。

第二，财务绩效为提高高校核心竞争力创造了良好的环境。影响高校教学口碑的不仅是其所掌握的教育资源，人们更多地将目光投向于资源使用带来的最终绩效成绩。高校是否持有良性的竞争优势的决定因素在于能否充分发挥人力资源和物力资源的合理分配及利用，而财力资源是其坚实基础。

第三，财务资源是否得以合理分配成为决定高校发展速率的核心问题，在分析这一问题的过程中需要对人们的实际需求进行调研，只有在深入剖析人们需求的情况下，才能制定更为稳妥的问题解决方案，对财力等资源进行科学配置。因此，高校教育管理需要聚焦于财务资源的分配，在以绩效质量发展为管控中心的前提下，提高各级相关人员的财务管理水平，充分发挥财务资源的作用，为高等教育事业的发展创设坚实的物质条件。

二、高校财务绩效评价

绩效是不同组织及个人在目标实现过程中展现的价值输出和客观存在的度量值，具有多元性、模糊性、多维性、动态性等特征。绩效的呈现形式主要在具体的行为、能力等层面得以展现，想要真正实现高校财务的科学性、综合性评价，需要具体对比财务资源的投入和产出结果。以客观的视角对教育经费投入所带来的效益进行多角度分析，在综合高校教育资源使用情况的前提下，公正地评价高校教育管理现状。

（一）财务绩效评价的内涵

科学的绩效评价是评判组织内部既定目标是否得以实现的手段，同时也对目标实现路径中的行为科学性进行了鉴定，是一种综合性的评价方式。在运用综合性评价手段的过程中需要先设定评价指标以及评价目的，例如，在对高校财务绩效进行评价过程中，需要明确教育经费分配的方式是否符合高校的发展方向和需求，以及在高校资源运转过程中是否充分发挥资源的使用效能。

财务资源应用过程中的效率、效益、效果都是高校财务绩效评价过程中涉及的主要内容，财务资源应用的效率主要指高校获取教育经费的能力，是高校各项事业得以发展的基础，例如，收取的学费、教育科研经费、政府拨款、社会实践所得、社会捐赠等；财务资源应用的效益是在获取教育经费的基础上，对投入和产出结果进行的对比研究；财务应用效果评价主要是对高校教育经费产出收益汲取能力的探析，即对高校教育职能完成度的评价。

（二）财务绩效评价的作用

绩效评价也可视为一种管理决策和人力资源开发的推动力，具有强大的资源反馈、激励和开发功能，是推动高校各类资源可持续利用这一根本目的的有效手段。绩效评价在高等教育实践过程中的功能性主要体现在以下三个方面：

1. 激励性功能

绩效评价结果为判断管理工作过程中应用的激励手段是否贴合实际需要提供了实证，根据绩效情况给予组织或个人物质奖励或精神奖励，可充分调动其工作积极性，提高了各项工作目标实现的效率。

2. 动态监控功能

绩效评价可以根据实际需要按照工作开展阶段进行详细划分，如季度性评价、半年度评价等。通过对各项工作的动态发展监控，为后续的工作绩效和目标确立提供参考意见。阶段性的绩效评价可在工作执行过程中及时发现问题并提出相应的问题解决办法，绩效评价成为工作过程中获取信息资源的重要途径。

3. 资源配置优化功能

在对资源进行灵活配置的过程中，可通过绩效评价的手段评估资源分配的合理性。例如，工作实践过程中资源分配的合理性、科学性；资金使用的合法性、经济性；工作实践资源质量和应用效率，等等。在对工作进行监督管理的过程中可以确定后续的工作方向以及资源扶持力度，合理分配稀缺资源是保障工作环节能够得以有效联结的重要举措，既能够避免工作实践的盲目性，又能够以科学的手段实现既定目标。

第二节　高校财务绩效评价体系构建

一、高校财务绩效评价系统设计原则

（一）"3E"原则

财政资金资源在实际分配过程中，常会出现为追求经济效益而忽略工作目标或资金资源利用率的情况，致使公共财政资金资源的浪费。部分发达国家在20世纪80年代根据实践现状逐渐探索出一套完整的"3E"原则，"3E"原则即效果性原则（Effectiveness）、经济性原则（Economy）、效率性原则（Efficiency）❶。"3E"原则普遍被认为是公正、客观的绩效评价基本原则。效果性原则主要用来衡量资源投入和资源产出之间的关系；经济性原则具体分析资源投入的节约性；效率性原则是衡量既定目标是否得以实现的标准。"3E"原则中的三类元素需要以整体、全面的应用角度进行糅合分析，不能以片面、单一的角度对其中某一原则进行分析，需要在评价的过程中遵照全局的发展动势综合考评。

（二）系统性原则

在高校财务绩效评价过程中遵循的系统性原则呈现出动态综合性的特点，根据众多科学研究结果可发现，绩效实则为各项活动的执行结果。绩效主要涵盖两方面：一方面是资源投入的有效性，另一方面是活动投入各项资源与产出结果的对比关系。高校的发展与其他组织存在一定相似性，在组织的各个成长阶段需要制定与之对应的发展目标，如创建阶段、发展阶段、成熟阶段。因此，高校的财务绩效评价标准体系应跟随不同阶段的发展需求进行调整，力求发挥最优的资源应用效能。需要注意的是，高校处于社会经济发展的大背景中，各元素的需求在经济社会的发展变化中呈现出动态演变的趋势，绩效评价需要协调内部各元素的客观利益发展需求。

---

❶ 赵翔. 教育支出绩效评价的国际比较 [J]. 财政监督, 2007（10）：62-63.

"3E"原则与系统性原则在实际应用过程中相互影响，并产生了行为效率和结果效益。行为效率的评价标准主要包括两方面：一是财务资源投入是否能够带来经济效益，二是财务资源投入形式是否科学且符合组织内部元素发展需求。结果效益的评价标准从三个角度进行糅合分析：结果效益是否贴合初始的预设目标，结果效益是否与财务资源投入值成正比，结果效益对高校当前发展是否具有一定功能性作用。在搭建财务绩效评价体系的过程中，首先在"3E"原则与系统性原则糅合的基础上形成初步的框架；其次将框架内的各项元素进行类别细分；最后根据元素之间的联系性形成多组、多层次的绩效评价体系。

高校财务绩效评价体系构建过程中，需要遵照指标体系中重要元素的发展路径尤其是财务资源的评价。在寻求高校财务绩效科学、合理评价方式时，需要综合考虑与财务绩效相关的各元素发展指标，并囊括各关键要素绩效标准。

当前，财务绩效评价体系在构建过程中经常忽略非财务元素带来的影响，更多地侧重财务因素，无视外在经济社会环境给高校发展带来的挑战与机遇，高校想要提高自身的综合竞争实力、获取更多的发展资源就不能脱离社会环境这一客观因素，没有经历过外部环境的竞争与挑战，就无法知晓自身的发展优势和自身发展的障碍。所以，高校在执行财务绩效评价的过程中，需要着重关注高校名誉、报考人数、高校学术水平发展进程、办学效率以及教育管理水平等元素，在综合以上客观因素的基础上架构科学的评价体系。财务绩效评价以及非财务指标的融合能够有效规避高校发展路径中的显性问题。

（三）可操作性原则

财务指标的选取需要考虑涉及指标评价的数据是否能够通过科学的手段获取，数据采集过程中可能耗费的资金成本以及数据是否能够达到精准、规范的评价标准。绩效评价指标体系的构建应满足实际操作需求，步骤既不能过于烦琐，也不能过于简化，计算方法需简繁适中。财务评价体系中定量和变量的有机结合能够反映出高校真实的财务绩效，二者缺一不可。在上述财务绩效评价元素的协同作用下，可极大地提高绩效评价指标的可操作性。

二、绩效评价指标体系分类

高校绩效的评定指标需要依照人们惯用的绩效运行标准不断深化发展，当前常见的绩效指标主要有以下三类：

一是根据20世纪中叶英国贾勒特报告所延伸出的完整绩效指标体系。其绩效指标体系核心在于内部指标、外部指标和运行指标。内部指标代表高校的实际发展方向以及自身的发展优势；外部指标则是高校所处的经济社会环境对学科发展的要求；运行指标具体指影响高校"生产率"元素，如教职工的工作量、公共学习资源利用率、高校环境维护成本等。

二是根据1986年英国大学拨款委员会（CVCP/UGC）、英国副院长、校长协会联合发布的绩效指标分类可知，绩效指标体系主要包含投入指标、过程指标和产出指标。投入指标特指高校在践行教育管理活动过程中投入的各类资源，如人力、物力、财力；过程指标特指教育管理活动中组织或个人对各类资源的应用效能；产出指标则是对各类教育工作结果的成绩评定。此种绩效指标分类可以全面地涵盖高校发展过程中的各个环节，并为高校发展进程提供实时的问题解决方案。

三是可以将管理的相关概念通过相关的变量来反映，将指标设定分为效率指标、效益指标和经济指标。高校的发展路径中受到多种元素的影响，除了可控的投入指标、过程指标、产出指标外，还存在不可控的社会背景变量，如高校设备捐赠活动、考生报考数量、高校所处的社会环境等，对变量的融合分析是考查高校绩效的重要标准之一。效率指标着眼于投入与产出的比较分析，是对资源利用的评估方式，普遍追求低成本高回报；效益指标是对既定目标实现情况的综合考量，对教育工作有效性以及完成情况进行衡量；经济指标则是对比预设资源投入和实际资源投入量，避免资源过度使用情况的出现。

"3E"原则在高校发展过程中的多个方面得以显现，在高校前期的办学投入、过程以及产出三个阶段进行融合分析可知，投入和产出两者之间的联系性较强，而过程这一环节更多与教育管理效率相关。❶在高校实际的发展路径中，教育管理效率更多是从教师、学生受到的人均教育成本进行评估，而非单一地关注办学收益。

高校绩效指标可以分为不同的类型，运用到具体的高校财务绩效评价实际

---

❶ 邢睿.新时期高校财务管理面临的挑战与理念创新[J].中外交流，2022（1）：84-86.

中，应注意因地制宜，要分清高校的类型，根据评价的侧重点，选取不同的指标类型。没有任何一种类型的指标是适合所有学校的，最重要的还是要合理选取指标体系。

三、影响高校财务绩效管理的因素

在判断高校财务管理水平过程中，财务绩效评价方法可确保评价的综合性与全面性。当前，高校财务管理水平主要受到以下四大因素的影响。

（一）负债过高，缺乏相应的风险意识

在我国，高校教职工各项需求，如教学质量以及工资待遇等，无法从高校自身所投入教育经费和准公共产品性质中得到有效满足。

高校普遍在遇到财务资源不足的问题时采取银行借贷或政府债券的手段缓解矛盾，但是高校往往因为自身财务管理水平较低，在负债过程中没有形成较强的风险意识，不懂得开源节流，导致自身经济实力无法偿还贷款，对自身发展造成严重阻碍。

（二）自筹能力差，过度依赖国家和地方财政拨款

国家的财政拨款成为高校获取教育经费的源头，虽然高校逐步形成了自筹教育经费意识，但自筹的积极性不高，获得的财务资源收益也不乐观。在一些西方国家，高校获取教育资金的众多方法中，社会捐赠是最为常见的途径之一，特别是在私立高校，社会众筹是学校教育经费的主要来源。部分高校对于社会捐赠资金的管理专门成立了教育基金会，但其他高校由于缺乏自筹思想，未能将教育基金会的构建全面贯彻落实，导致社会缺乏良好的捐助环境，不但不利于社会资源的获取，且对高校自身发展产生了巨大阻碍。

（三）资金配置不合理

高校并未明确自身的办学方向和教育定位，在财务管理过程中缺少针对性和科学规划，从前期的预算管理到后期的会计核算都存在一定的管理漏洞，其财务管理制度并不能满足高校与时俱进的财务规划需求。高校的财务资源分配常被各级领导和部门的主观臆断影响，未形成科学的财务分配体系。各级领导和单位更多地考虑部门利益，并未以全局发展的眼光科学提高资金的使用效率，致使资金的应用呈现出资源浪费的现象。

（四）内部控制机制不完善

企业在发展过程中会根据自身的发展进程设立董事会、监事会或审计委员会等机构辅助自身的成长，以便在管理过程中及时发现问题并提出针对性的解决方案。高校在实际管理过程中并非完全借鉴企业的良性运作方式，虽设置了审计这一管理部门，但独立性不够，更有甚者将审计部门归入财务部门。高校此种财务管理运作方式极大削弱了审计部门的监督职能，在发现财务管理问题时，不能及时、科学地针对问题反馈并要求其调整财务管理方案。部分高校虽然在财务管理过程中独立开设审计部门，但其部门人员配置（包括年龄结构、专业机构等多方面）都达不到实际工作要求，限制了高校内部审计工作的有效开展。高校普遍实行分级管理制度，具体划分了学院和系之间的协同关系，影响了信息之间的流通效率和问题解决的方向。

四、提高高校财务管理水平建议

根据对高校的财务绩效分析研究可知，若想实现高校财务资源的合理运用，并实现财务信息的公开透明，则需要成立相关的财务绩效信息管理条例作为科学决策财务管理问题的现实依据。所以，搭建高校财务绩效评价体系势在必行。根据现存的财务管理问题，可以从以下四个方面优化财务管理办法。

（一）完善财务规章制度，建立合理的财务绩效评价体系

高校需完善财务资源规章制度，协助财务管理的各项工作得以顺利开展。例如，在有效的内部控制机制的协同作用下，帮助日常财务监管工作科学把控问题产生的源头，使高校的财务资源得以良性运转。在完善高校财务资源规章制度的同时，搭建财务绩效评价体系，通过各类财务分析法及时观测高校现阶段的财务资源应用状况，对财务资源应用风险进行科学预警，为高校财务管理提供技术支持。

（二）实现财务信息透明化

高校的财务来源：一是学费收入，二是政府财政拨款。学费主要由学生家长缴纳，政府的财政拨款近三分之二源于广大纳税人。因此，公众具有知晓财务资源应用现状的知情权、财务问题解决方案的参与权、监控财务问题解决过程的监督权。高校的财务信息可以直观地展现高校各级领导层的工作效益，是对其职责

履行状况的客观反映。我国于 2010 年开始在全国范围内实施《高校学校信息公开办法》，明确指出，在全面提升高校财务管理水平的探索和实践道路上，财务信息公开方式是其中不可或缺的实践内容之一。但部分高校财务信息公开工作仍未落实到位，成为其财务管理的一大阻碍，同时影响后期的财务绩效评价。当地政府需要针对此种财务管理现状，及时部署高校财务信息公开工作，并为其提供财务信息公开的范例和格式，规范其公开内容的实效性和针对性。在信息技术的辅助下，鼓励高校通过移动互联网等平台，实现线上的财务信息公开，尤其是规模较大的财务应用事项，如学术研究项目启动、高新技术设备的采购、大型基建项目的开展等。便捷的网络平台，拓宽了公众的监督途径，真正落实了公众网络监督权利，达到了财务公开的根本目的。例如，开设网络公众监督板块、网上信访板块、民众热线电话专区等。

（三）树立风险意识，完善财务治理，落实经济责任制度

高校在财务决策过程中普遍忽略学生的实际需求，专注于执行政府下发的文件，导致高校的财务治理未体现出民主、科学的特性。在执行下发文件时可以逐步成立企业治理模式中的董事会决策组织，发挥高校的组织管理作用。

在具体执行政府下发文件的过程中充分结合本校的实际发展情况，避免出现脱离实际的情况。各级管理层需要树立责任意识，主动承担一定的财务管理职责，从局部到整体共同提高决策的有效性和民主性。例如，在执行某一项目的过程中，首先，明确项目的预算标准，并细分各环节的资金使用情况；其次，在执行项目的过程中，实时监控单位部门的工作状态并予以评价；最后，在项目落实后组织所有涉及项目的相关工作人员进行评价总结，依据工作过程中各类情况施行奖惩措施，落实责任到人这一工作理念。只有树立高校内部风险意识，贯彻落实责任分级制度，才能够提高高校财务工作效率。

（四）提高办学实力和多渠道筹资能力

高校应在结合自身发展需要的基础上制定科学合理的发展规划，通过一系列科学手段提高自身的综合实力。例如，引进先进的教学科研设备和科研人才、创建特色专业学科等。高校在提高自身综合实力的过程中可产生更大的社会影响力，使自身在竞争激烈的市场环境中占据优势地位，吸引政府和社会投入更多教育资源，形成良性循环的教育管理模式，例如，通过设立专业的筹款机构提高社

会企业对投资的信任度，在资金效益提高的同时吸引专业的财务管理人才，拓展更多的教育资金获取渠道；在学生就读期间帮助其树立感恩母校的思想品德意识，充分利用校友资源拓展与社会企业的联系渠道，为高校的发展供给更多经费，加强高校与社会企业的联络是双向互赢的合作模式，不仅为企业发展提供了更为先进的科学技术，同时也为高校的专业科学研究提供了可实践的机会，增强了科研经费的应用效能，实现社会效益和经济效益双丰收。

第三节　高校财务绩效管理控制与制度创新

一、高校财务绩效管理控制

（一）整体计划控制

人们认为一所高校的管理，特别是地方高校的管理包括许多过程，如确定高校的目标；根据目标确定行动方案；根据方案要求开展组织和领导业务活动；调节与控制活动，并检查高校的教学管理活动；等等。在这些过程中，首要的是对高校的教学与管理要有整体、可行的构想，即要确定目标，制定策略、政策和计划，拟定决策。这个过程一般称为整体规划阶段，即计划阶段。因此，广义的计划，其定义是从各个方案中选取的最适合未来的行动方针，它不仅是基本的管理职能，而且是实施其他管理功能的基础，任何高校的决策者都必须根据计划组织活动。之所以把计划也列入控制活动，不仅是因为它本身就是一种控制方式，如预算控制；还因为计划与控制关系密切，无法明确分离，无论是从管理理论上还是从管理实务上，都很难区分，如对教学活动的整体管理，有的高校称为"教学规划"，有的则称为"教学控制"。规划和控制是建立整体管理方式的基础。有人认为计划仅包括制订管理计划（短期计划）和行政管理准则（长期有效计划）；还有人认为计划工作内容包括选择高校及部门的目标，以及决定实现这些目标的方法，当然包括制定战略、政策、具体计划及拟定决策等。整体计划控制是实行目标控制的一种合理方法。这种方法离不开具体的计划与决策，同时还要考虑未来教学环境的变化，它应该是一个开放、系统的管理工作方法。

1. 计划控制的方法

为了使高校能够取得良好的工作成效，最重要的任务就是明确总目标和一定时期的目标，使每个人明确组织期望他们去实现的目标及其实现目标的方法，这就是人们常说的计划职能。无论高校整体，还是高校所属的各部门在未来行动方针方面都有许多可供选择的方案，计划工作就是从中选取最适宜的方案，为高校及其部门选定目标，并确定实现目标的方法。因此，计划工作的实质是选择，只有在出现需要选择的行动方针时，才会产生计划问题。计划就是预先决定要去做什么、如何做、何时做和由谁做。计划可以使那些本来不一定发生的事情变成有可能发生。虽然准确计划未来是不太可能的事，因为人们无法控制不可控因素的干扰，但如果不做计划，许多事情只能听之任之，管理工作就会变得毫无头绪、一团乱麻。任何高校都会受到经济、社会和政治等因素的影响或冲击。社会变革和经济发展虽然给地方高校带来了机会，但也带来了风险。计划和其他管理职能一样，已成为地方高校的重要职能。计划工作，可以使高校把注意力集中在目标上，并致力于实现目标：计划工作具有预先性，可以用最小的代价解决问题；计划工作还具有领先性，为其他管理行为提供了基础，指明了出发点；计划工作能更好协调高校所有人员的活动；计划工作有利于高校提高工作效率。要想使计划工作充分发挥其功能，根据现代计划发展新趋势，计划控制设计应遵循以下原则：

（1）选择正确的设计程序

计划设计程序由两种不同的思想来决定，一是保守的导向，二是前进的导向。以教学部门的活动作为整个地方高校活动的指导中心，即保守的导向。这种思想适用于竞争不激烈或根本无竞争的教学环境，可以把全部精力和时间集中在教学、科研上。

（2）重视中、长期计划编制

传统的计划，以一年为一期的年度计划为主要内容，不注重建立目标和进行长远规划，往往导致部分高校只了解近期行为而不了解未来发展。计划既然包括任何一种未来的行动方针，应该拉长计划时间，否则难以进行发展控制和目标控制。

目标性计划分为永久计划和长期计划两种。高校某种目标具有永远的指导作用，没有确定的止境及数量标准可供衡量，如高校的创建目标、基本的使命等即为永久计划。高校设立的未来8～12年（甚至20年）的全面努力目标，即为长期计划。这类目标计划只规定粗略的大目标数字，而无具体的实施手段和措施。

高校设立的未来4～8年内各部门努力发展的目标及战略，叫作中期计划。中期计划主要用以执行长期计划，有助于长期目标的贯彻与逐步实现，所以也称发展计划。

高校设立的一年内应完成的目标，即为短期计划或年度计划。它主要用于实施中期计划的目标及战略。短期计划除年度计划外，还应包括高校各部门制订的半年计划、季度计划、月份计划及每周进度安排等。此种详细计划不只含有金额收支数字，最重要的是应该有工作目标、方法、进度、负责人及经费预算等实质内容。

从本质上来讲，任何计划过程的结果都在于建立某种形式的目标。高校各层次管理者参与计划过程，既制订短期计划，又制订长期计划与中期计划，其目的是形成一套上下、远近相互关联的目标体系。长期计划表明高校的奋斗目标，也制约着高校奋斗目标，中、短期计划是长期计划的分解与落实。高校上层主管的目标和手段，制约着中、下层目标和手段，中、下层的目标总是上一层次的手段之一，这样层层相连，就形成了完整的目标手段链，否则，就谈不上目标控制。良好的目标体系，应具体规定项目名称、数量水平、绩效衡量标准和完成时限等。

（3）建立整体的计划预算制度

只有充分认识计划的多样性，才能编制出有效的计划，建立"策划、规划、预算"制度，以贯彻整体性、系统性目标管理精神。整体计划预算制度主要包括五方面内容：①策划，主要指对目标、方针、政策等的策划。②规划，确定贯彻目标、方针、政策的执行方案。③预算，在策划、规划基础上进行详细的经费预算。④授权管理。计划要有利于最高管理者把握决策权，经由"责任中心"机制，分别授予各级主管，使其有效地发挥策划、执行、控制的职能。例如要把用人、用钱、工作等权力，分别授给利润中心、成本中心与工作中心等，以利于进行利润控制、成本控制、工作量与进度控制。凡达不成目标者，应追究其责任。

⑤建立信息系统。决策的制定，有赖于充分、正确与及时的信息。因此，计划工作必须注重相应的信息系统的建立与管理。建立相应的信息系统，有利于高校获取外部与内部的各种信息。高校需要获得政治、法律、经济、技术、金融机构及投资者等外部信息，也需要获得教学、人事、财务、研究发展等内部信息。

2.计划控制设计的内容

（1）目标

目的或目标不同于希望，它们产生于严密的思维，并使人员和组织为了实现它们而努力。目标能起到激励作用，有利于提高个人的工作积极性，提高经济效益和社会效益。任何管理者最基本的责任都应该是保证组织有一个把个人、部门和高校目标相结合的目标网，这个目标网应既包括总目标又有具体目标。

任何高校都有一个社会赋予它们的基本职能和任务，这就是设立高校总目标与使命的依据。为了系统地阐述高校一定时期应达成的目标，应当明确高校的总目标或使命。然而，不少高校并不清楚自己的使命。要确定一个高校的总目标或使命，应确定高校的服务对象，了解服务对象的期望和要求。例如地方高校的一般使命或总目标是服务区域经济社会发展、为地方培养高素质人才，要实现这一目标，必须通过从事各种活动、逐步明确方法，并制定具体目标、完成具体任务。

一定时期的目标或各项具体目标是高校教学活动要实现的结果，它们不仅是计划工作的终点，也是各项组织工作、人员配备、领导工作和管理活动要达到的结果。高校一定时期的目标构成了高校的基本计划。一定时期的目标或各项具体目标要根据高校的总目标、教学状况和教学环境等因素来确定，而不只是表现为某个具体的质量目标、数量目标。

目标具有等级层次性，由总目标或使命、一定时期的全部目标、专业性的全部目标、部门目标及个人目标等组成；目标具有网络性，一所高校的所有目标是相互联系的；目标还具有多样性，无论哪一层次的目标都是多种多样的。

设计目标有两种方法：一是传统方法，二是目标管理法。传统方法是由上级决定目标，并把它强加给下属。这种方法会引起下属的不满，也难以充分发挥下属的才智，存在严重的弊端。目标管理法，是让下级在上级确定的范围内建立目标，如上级提供范围，下级就目标提出建议，上下级取得一致意见后，制定目标，下属对自己的工作进行计划和控制。目标管理过程包括确定最高主管部门的目标、明确组织机构的目标、确定下属人员的目标等。目标管理法有利于管理工作水平的提高，明确组织机构的作用与状况，能使计划工作更加有效。目标管理的评价方法、激励方法、系统方法及长远看问题的方法，在管理中得到广泛应用。但是目标管理法也存在原理不清、指导方针不明、难以确定、趋向短期、不灵活、未形成网络、过于强调数量指标、标准不适当等缺点。

（2）策略、政策和计划

第一，策略。"策略"在《现代汉语词典》中的解释是：①根据形势发展而制定的行动方针和斗争方式。②讲究斗争艺术；注意方式方法。军事上的战略，是指计划军事行动和战场的部署等。地方高校管理上的策略是把高校置于有利的环境中，制订最基本的和具有深远意义的计划。策略既包括目标、政策，也包括教学计划。策略的总目标就是通过一系列的主要目标和政策来决定和说明所设想的高校状况。策略指明了一个统一的方向、重点的部署和资源安排，但不确切说明如何实现目标，主要是针对高校的经营思想和行动而言的。策略具有的控制作用不仅在于它能够根据高校的具体情况采取解除外部威胁与抓住机会的对策；还在于它是最高管理部门的职责，是一种对各级都有制约作用的精神；同时它是一种长期观点，而不是短期行为。

第二，政策。政策也是一种计划，主要表现在计划中的文字说明，以此沟通或指导决策工作中的思想和行动。所以有人说政策是决策的指导方针，一种政策反映一种目标并指导管理者和职工通过思考与判断接近目标。政策的范围包括制定政策、保证政策和目标的一致性、促成目标实现。政策有助于将一些问题处理方式先确定下来，使不同的人面对同样的问题选择相同的处理方法，并给其他计划提供一个全局性的概貌，从而有利于管理者控制全局。政策的规定有利于缩小决策范围。政策层次也应与机构设置层次相适应，如有高校政策、部门政策等。此外，政策往往和某一机构职能有关，如财务政策就与财务职能相关。

一所高校有多种多样的政策，如招工政策、提拔政策、奖励政策、职称政策等。政策一般分为明确的政策和含蓄的政策两类：以书面或口头的形式进行规定，即为明确的政策，它是决策者选择方案的依据；如把政策寓于既定模式的决策中，并不写出或说出，即为含蓄的政策。有些人往往把政策理解为规划，这是错误的。因为任何政策都是鼓励自由处置问题和进取精神的一种手段，它虽然有一定的限度，但也有一定弹性，它只是决策时考虑问题的指南，而不是规则。此外，政策既然是为了促使目标的实现，就应当具有一贯性和完整性。这就需要尽量使高校各项政策有明文规定，并尽量做出统一解释以利于控制政策。

第三，计划。制订执行计划包括做出具体的安排以及完成由策略计划确定的目标和政策。执行计划确定了为实现目标的方法、财力和时间。执行计划是策略计划的产物，是一种为了在一定时间内达成某些特定目标，在考虑有关的环境之后所采取的手段。执行计划应详细反映出计划内容，计划何时、何地执行，如何执行和何人执行等。

执行计划包括程序、规则、预算等。

程序。正如政策是思考和决策的指南一样，程序是行动的指导。它规定了如何处理未来活动的方法，详细地说明了完成某种活动应当采取的准确方式。程序在高校里无处不在，而且多种多样，越到基层，程序点越细，数量也就越多。程序和计划一样具有层次性，如果政策只是指导决策的方针，那么程序就是一种决策的结果或实现目标的方法。例如高校政策规定职工可以享受休假待遇，那么程序就要规定如何具体执行这种政策，如确定采取轮休方式，以免影响生产；规定假期内工资支付办法及差旅费报销范围；规定申请休假方法及应办理的手续；规定销假与报销的办法等。程序虽然不能保证达到令人完全满意的效果，但有助于特别业务的处理，也有助于节约时间和精力，促使业务处理的规范化和制度化。

规则。规则也是一种计划，它是一种最简单的计划。规则是从方案中选取的一种行动或一种处理问题的方法。规则要求按一定的情况采取或不采取某种特定的行动，它不同于政策，虽然规则也起指导作用，但人们运用规则时，没有自由处理权。规则与指导行动的程序有关，但它不说明时间顺序。可以把程序看作一系列行为规则，但规则不一定都是程序的组成部分，因为有些规则可以单独出现或不连贯出现，如"禁止随地吐痰"或"禁止在教室内吸烟"等都与任何程序无关。

预算。预算是决定某一预计时期内（一般为一年之内）收入量和支出量的计划。预算，作为一种计划，以数字表示预期结果。预算，有反映收支的财务预算；有涉及经营方面的，如费用预算等；有反映资本支出情况的，如基本建设费用预算；有说明现金情况的，如现金预算。预算是基本的计划工作手段，也是一种控制方法，它反映了计划的要求，可以作为控制的切实标准。预算计划工作就其精确性、详细程度和拟定的方法而言，有相当大的不同。某些支出或成本对整个时期来说都是固定的，而不受销售或生产计划和实际完成情况的影响。这种反映固定成本的预算称为固定预算，如折旧、维修、资产税、保险费和其他基本管理费用预算等。有些成本随实际的销售额或产量而变，如某些地方高校管理费和教学经费等。还有一种新的预算方法，即把可变预算和方案预算结合起来的方法，也称零基预算。零基预算是不考虑过去的预算项目和收支水平，以零为基点编制的预算，具体指不受以往预算安排情况的影响，一切从实际需要出发，逐项审议预算年度内各项费用的内容及其开支标准，结合财力状况，在综合平衡的基础上编制预算的一种科学的现代预算编制方法。借助零基预算，可以使计划工作做得更完善，而又不依赖过去的计划。事实上，预算工作的主要优点就是促使人们去做计划。计划除了上述内容外，还有时间安排计划，即就一项确定完成特定活动的时间期限进行计划。无论是简单的还是复杂的，时间安排均是一种关键性的计划工具。

（3）决策

决策渗入全部管理职能和过程，它是从体现某种工作方针的各方案中进行选择，是计划工作的核心部分。只有拟定了决策，才能说有了计划，决策是管理者的中心任务，决策实际上就是解决问题。

政策制定的前提是提出问题与确定诊断问题，为了更好地把握现实，一般应进行系统思维来确定问题。在假设条件与获得事实阶段，理应获得全部事实，更主要的是人们充分了解事实以后，头脑中就已经形成了一种或几种解决问题的方案，事实掌握得越多，解决方案的数目就越多，但人们必须通过研究和判断，借以发现各方案的限制因素或战略因素，以利于进一步评价方案。选出一些决策方案后，就应对其进行评价，然后从中选出一个（有时是多个）最有利于达成目标的方案，这是决策的最后一步，也是关键的一步。评价工作既要考虑定量因素，如各种固定费用、流动费用等，还要考虑定性因素，即那些无形的、无法定量的因素，如劳资关系的特点、技术变革的风险等。在比较方案时，要重视数量和质量因素。评价方案时，要进行边际分析、费用效果分析，要反复权衡：每一种方案对实现目标有多少贡献，是否符合高校既定的决策；每一种方案实施起来花费大不大，费用和收益的结果如何；怎样才能贯彻得更好等。选取方案时应从三方面充分考虑：一是经验。要认真地总结过去的经验，正确地对待经验，把经验作为分析问题的基础，而不能仅凭个人经验作为未来行动的指导。二是实验，对准备选取的方案要进行实验，并仔细观察它们的结果，然后加以确定。三是研究和分析。首先，应了解问题本身，对影响每个方案实施的关键变量、限定因素、前提条件及相互之间的关系进行研究；其次，要把每个方案分解成有待研究的组成部分和各种定量与不可定量的影响因素；最后，加以详细推敲，如使用持平法、报酬矩阵、决策树、存货决策分析、线性规划、排队理论等定量分析。研究和分析方法的一个主要特点是拟出一种模拟问题的模式，以便在执行中对照检查。

（二）组织人事控制

目前，各高校的组织形态，由上至下，外观上形成上小下大的金字塔形状。一所高校的组织工作，有利于明确责任和权力，主要通过规定什么部门做什么工作以及谁对谁负责，能够按工作责任把人们分成群体，能够根据各种信息反馈资料拟定决策与改善决策，能够明确区分各种活动的地位，规定其应执行的部门。组织工作的上述功能，具有潜在性，必须进行正确的设计才能发挥其作用。同时组织工作不能一劳永逸，它具有连续性或周期性，必须不断适应变化的形态。进行组织工作设计，必须考虑战略、技术与环境等影响因素。组织结构必须反映目标、战略，因为任何高校的业务活动，均是从目标、战略计划推导出来的，形式必须服从职能，结构理应服从战略。组织结构必须适应高校任务与技术的需要，如对于简单生产系统，可采取扁平的组织结构，对于生产程序技术复杂的高校，可采用多层次组织结构。组织结构还应该反映周围环境的需要，如果环境稳定又可预测，可进行永久性程序设计；如果环境不稳定，则可进行临时程序设计。此外，组织结构还要考虑高校主管人员的职权范围及人员调配等问题。

1.组织机构设计

组织机构设计的关键是如何划分部门。划分部门有多种多样的方法，其关键是要使部门划分后所构成的结构体系适应战略、技术和环境方面的特定条件。传统划分部门的方法有两种：一种是按数量划分，另一种是按时间划分。单纯按数量划分的方法是抽调出一拨无差异的人，确定由哪位管理者管理，使其完成一定的任务。这种方法的实质不在于这些人去干什么、在何处干以及在什么条件下干，而在于所需人的数量。以人数为基础划分部门的方法，不利于劳动技巧的提高，也无法满足专业化的需要，更不利于高、中层的管理，而仅适用于组织结构的基层。按时间划分部门的方法是根据时间来组织业务活动，如采用轮班制的方法。该方法的主要缺点是不利于监督和提高效率，同时增加了成本，也只适合基层管理的需要。目前流行的划分方法主要有以下三种：

（1）职能组织

职能组织即按高校的职能组织业务活动，使每个系都有不同的义务和责任。这里首先要确定的是一所高校的主要部门，即人数多、费用预算大、关系高校存亡的主要职能部门。如果每个主要职能部门管理幅度太大，就应进一步划分派生职能部门。职能组织的主要优点是合乎组织工作逻辑，能遵循专门化原则，能维护主要职能的权力和威信，能简化训练工作，能使上层有效实施控制。职能组织的主要缺点是仅仅由上层管理者对盈利情况负责，过于强调专业化，不利于一般主管人员的培训，也难以协调各部门之间的工作。

（2）区域性组织

以地理位置为基础按地区划分部门的组织结构，即为区域性组织。该方法一般适用于规模大的学校，或者业务活动分散的地方高校。它能够像产品组织那样，确定单个业务高校的利润责任，能够激励管理人员，能适应不同区域的特点。该方法的主要缺点类同于产品组织的缺点。

（3）矩阵组织

20世纪70年代，人们在同一个组织机构内将按职能划分部门的方法和按产品划分部门的方法结合在一起，这就是矩阵组织。这种组织也称方格组织，或项目管理、产品管理，实际上是一种折中的办法，这种办法既有按职能划分和按产品划分两种方法的长处，同时又没有二者的不足，有利于高校适应外部环境，信息交流，减轻经营和成本方面的压力。但矩阵组织也有缺点，如无政府主义的趋向，过度的权力斗争和开会及群体决策太多等。除上述几种主要的划分部门的方法外，还有面向市场的划分方法，如按工艺和设备的划分方法，按服务部门划分的方法等。任何组织机构的设计并不限于采用一种方法或类型结构，应努力使组织的不同部分适应不同的条件，采用复合设计法，以鼓励人们以最适应工作任务的方式思考和行动。此外，完整的责任中心体系包括服务中心、教学中心、成本管理中心与工作中心等。事业部制度组织是以"服务中心"制度为组织的设计。

2. 协调关系设置

分工与协调是组织控制的两大职能。分工可以使组织内部活动专业化，协调有利于部门上下级之间的配合。通过部门划分以后亟待解决的问题是部门间必须加以协调并成为一个工作整体。一个组织不只是由若干个有各自目标的独立部门组成，为了取得工作成功，必须将各部门的努力结合成为一个整体。如果一个组织协调不好，就会出现控制失灵、冲突严重、职权分离等现象。无论什么样的组织，都是协调人的行为的体系，其协调方法多种多样。

（1）纵向协调设置

有意识地建立一个职权等级，规定各级管理职务责任和上下级关系，旨在开辟指导职工活动和交往的途径。设计职权体系，是设计协调组织的起点，其目的是建立一个强有力的指挥系统，使指挥系统中的每一个人都明确自己所处的位置，知道谁向他负责，他向谁负责。在该系统中，命令从上向下传，报告自下向上传。设计职权等级的原则是建立报告关系、负责关系及控制跨度。任何高校都应建立从高校最高管理者到最低管理层的、相联系的和不间断的报告关系。这种报告关系也称命令链，它要求从最低管理层开始，每一级都要对一位上级负责，并据此来检查每个人的行动是否违反了上级的期望，这就有利于各级之间的协调。建立命令链的思想，要求人员之间的交流和对下属的控制不应间断，下级不应背离上级指导；任何一级管理人员都不应绕过其直接负责的部门向更低一级的主管人员发布命令。根据统一命令的概念，下属只对一位上级负责，而不可能满足多个上级的要求，否则会造成关系紧张。为了便于纵向协调，还应适当注意各层级管理部门的控制跨度（管理幅度）。管理幅度是一名领导直接领导的下属人员数。任何领导人员，因受其精力、知识、经济等条件的限制，能够有效地领导下级人数是有限度的，超过一定限度，就不能实现具体、有效的领导。一个领导能直接有效地领导的下属人员数，称为有效管理幅度。例如，有人认为中级和高级管理人员最好能管理3～9个直接向其负责的人；有人认为基层管理人员最好能管理30个直接向其负责的人，也有人认为最好能管理8～12个直接向其负责的人。

影响管理幅度大小的因素主要包括业务活动的多样性、不确定性、新颖性，下属工作的复杂性、随机性、责任性，下属人员的专业水平、非管理性工作量等。

（2）横向协调设置

任何组织除了纵向协调外，还必须注意横向协调，即部门间的协调。在设计横向协调时，必须注意需要协调的地方、需要协调的程度、协调机制、适用情况等。部门间如何协调取决于部门间的相互依存性，如教学部门和后勤部门，应根据教学需要进行协调，否则会导致教学质量的下降，直接影响高校管理水平和学校发展。部门间需要何种程度的协调，是由各部门从事的共同任务的不确定性来决定的。任务不确定性越大，需要协调的程度越高，其决策者需处理的信息量也就越大。因此有必要设计协调机制。协调机制的具体内容如下：

第一，建立标准程序，以解决常规性的协调问题。

第二，建立垂直的职权渠道。如果存在的问题不多，部门间的利益冲突又难以解决的话，应由有权做决定的领导去解决，但这种协调方法不经济。

第三，建立临时会议制度。当有关部门发生不协调情况时，应由各方派代表参加碰头会解决。

第四，建立定期会议制度。如果部门之间经常发生不协调问题，可以定期举行会议加以解决。

第五，明确协调责任。在部门目标和职务说明中明确规定协调责任及合作义务。

第六，建立协调机构或专设协调人员。若高校协调工作较多，理应设置协调机构或协调人员，专门从事责任划分工作，负责平时的协调工作，如设调查员、联络代表、协调人、计划员等承担中间人的任务。

此外，还可以根据矩阵理论设计协调机制，以解决既相互竞争又很重要的两项工作。有了各种协调机制和手段，还应根据不同的需要进行选择，以保证其有效使用。

（3）参谋协调设置

除了纵向协调和横向协调外，很多管理者还采用参谋协调的方法。在管理学中，参谋有时指管理人员助手，有时指一种特别的职务——处于从属地位，只向一名管理者负责。参谋具有服务、咨询、监督与控制职能，参谋部门负有临时性的协调之责。从整个组织机构来看，某些部门对整个组织来说，主要是参谋式的关系，另一些部门主要是直传关系。要做好各部门的协调工作，不仅要注重按分级原则进行直线或阶梯式的职权关系的设计，还要注意具有顾问性质的参谋关系的设计。

（4）职权协调设置

管理者把职权和决策权集中到高校结构的最上层，即为集权；管理者把职权和决策权分散到全体下级人员，则为分权；有些管理者授予下属特别职权和职责，即放权。

如果一切问题均由最高管理者解决，这会导致其决策慢或做出不高明的决策；如果一切问题均由下层人员解决，则会造成失控，酿成大错。过分集权和分权都是不可取的。如何更好地进行职权控制，应采取随机制宜的原则。对一个特定的组织来说，在特定的时期内，它的某些职能最好实行集权，其他职能则实行分权，只有通过掌握特定的事实，在处理特定职能权衡利弊后才能做出正确决策。要把各种职能看成由不同的活动组成，而不能看作整体，对有些活动可以采用分权，对另一些活动则需要采用集权。

放权或授权管理，是一种较好的职权管理形式，它是指管理人员分配任务和分配完成任务所需的职权和职责的过程。授权控制应力求实现完全性、明确性和充分性。完全授权是指对每项任务分配时，授予被授权者应负的责任和应有的权力，以避免无人负责的现象。此外，管理人员应明确告知被授权者对何种任务负责、有哪些职权，应使下级人员清楚了解自己的任务、职责和职权，在职权范围内无须事事请示。职权是发布命令的权力，职责是对结果所负的责任，二者应该平衡。授权的充分性是指授予下级的职权应能保证其完成应负的责任，这样有利于促进有关任务的完成。此外，应该注意的是，进行授权管理并不是减轻上级应负的责任，上级应对下属职务范围内的行为负责。进行授权设计，必须遵循按照预期成果授权、明确职能界限、分级、分层、统一指挥、职责的绝对性、权责对等原则。

3. 工作设置

明确了如何划分部门和如何协调部门的工作后，就应该进一步明确如何设计部门职责和群体及个人应完成的工作。进行部门和个人工作设计时，要根据总体战略来设计，使各部门或个人的工作有利于总体目标的实现和战略的实施；要根据技术因素进行专业化分工，把大的任务分解成若干个小任务，以提高效率；要在考虑技术因素的同时，也考虑到心理因素（职工价值观、责任感、成就感等），以满足职工对工作多样性、完整性、重要性等的需求，以激励职工，唤起职工对工作的积极性。进行工作设计，一般先从主要教学部门开始，再设定服务部门的职责，如对总务、人事部门工作设计；最后根据工作程序一条一条地列举出来，进行整理归纳。

例如，拟订后勤部门职责时，要依照其工作程序，从采购教材开始，开列请购单、询价与订货、验货入库、登记入账、安全保管、凭单发货，到检验、包装入库等。根据列出的职责，依计划、执行、考核行政"三联制"进行核查，看有无漏列和应予补齐、调整的问题。纵向方面使职掌与程序衔接起来，横向方面将人、事、物联结起来，形成完整的部门工作体系或个人工作系统。例如，某教育厅财务处主要职责为：研制与修订会计制度，并督促所属高校加强会计制度建设工作；编制系统预算，并审核与汇总所属高校预算资料；汇总与编制月报、季报与年终决算；编制财务分析与成本分析报告；检查所属高校会计资料及有关会计事务的处理；检查各高校预算执行与控制状况；指导与培训系统内会计人员，并负责会计人员的考核与职称评定工作；指导系统内的统计核算与业务核算工作，定期组织财务检查工作。

4. 人事控制设置

人事控制的目的就是采取某种确保高校目前和未来都能正常经营的办法，为组织结构中各个职位配备合适的人员。人事控制不仅是人事部门的职责，而且是高校主管人员的职责。主管人员的计划、组织、领导和控制等职能，往往都与人员相关，人事控制是主管人员的一项重要职能。高校领导都要正视"人力资源开发"这一问题，如不能很好地进行人员挑选、使用、考核与培训工作，整个高校就会变成一台腐朽的机器。

（1）选择设置

选择人员设计主要是对人员配备与人员选拔方法方面的设计。人员配备工作应该与高校组织结构及计划目标工作协调一致。人员配备是一个复杂的过程，它可以作为管理人力资源的一种系统方法。人员配备要根据计划考虑人员需求量，同时还应考虑任命率、年龄、健康状况等其他因素。此外，还要根据高校内部和外部人才资源状况，对主管人员需求量进行分析。在招聘、选拔、安置人员时，要做好考核工作。在人员配备过程中，高校应充分考虑到外部环境与内部环境的影响。尽管人员配备工作主要由人事部门和各管理层来负责，但拟订人员配备计划、决定招聘范围、制定选拔程序、确定考核方法以及规划培养开发等人事政策，还是应由人事部门在高校最高管理者直接领导下贯彻、落实。

高校各类人员质量，特别是各级主管人员的质量，是任何一个组织取得成功的决定性因素之一。选择人员，特别是选择主管人员必然是整个管理过程中最关键的步骤之一。选择人员必须按照以下要求进行：

首先，要对各职位的要求进行客观分析，即应明确各职位的工作内容、工作方式和需要的知识、态度和技能等，要确定职务的适当范围，既不能过宽，也不能过窄。职位对任职者应当具有一定的挑战性，使他们感到自己得到了充分任用。不同的职务往往有不同的要求，如专业技术人员应具备技术性技能、概括分析的技能、谋划设计的技能以及分析与解决问题的能力等。

其次，要对各职位的重要程度进行评价。这种评价不同于对工作成绩的评价，一般使用三种方法：一是采用"排队"比较法，来确定各职位工资标准和地位，一般是以薪金水平来体现职位差别。二是根据职务要素进行评分，来评定职位等级。进行评分时，一般先选定几个职务要素，给它们规定权数和分值，然后以数字表示每个要素。要素主要包括教育程度、经验、智力、体力、职责和工作条件等，主管职务要素包括技术知识、所要解决的问题和职责的范围等。三是采用判断时距法来评定职务价值，即通过对某个职务所承担的各项任务的分析，来衡量判断时距的长度。例如，某一职位中所发生的差错很快就能暴露出来，而另一职位中的差错要很长时间才能暴露出来，对后者工作的判断时距就比前者长，其职位价值也应比前者高。

再次，要明确各职位所需人员应具备的素质，除了应具备的技能外，个人的素质也很重要，如主管人员必须具备管理能力、沟通能力、相应的工作经验等。

最后，进行正确选择，在明确各职位所需人员的规格要求以后招聘、选拔人员。一般采取目标选拔法，即将职位工作目标与被选拔者的工作经历与技能、素质进行对照，按相符程度进行挑选。具体选拔时应先审查书面资料，然后进行口头审查，主要针对被选拔者的智力、才能、个性等，并集体评审。

在选择人员时，应注意区分不同类型的应征者。面谈是一种较好的方法，因为高校要选择的是一个实实在在的人，而不是一张内容丰富的履历表。对于"老兵型"的人，可以录用，但要激发其挑战性，否则毫无冲劲；对于"牛皮型"的人，不可录用，因为只会社交，不会干活；对于那些具有灵敏性和自我达成驱动力的人，可优先录用。

（2）用人设置

管理是人力发展而非事务指导。只会做事不会管人的人，不适合当领导。各级领导均应掌握各种人事处理工作，如职工关系、客户关系、社区关系、政府关系、金融关系等，处理好内部职工关系是用好人的关键。用人之道，一是要因材施用，使每个人适得其所；二是要培养人才，不断增进其才干。例如，设置一套有效的方法，用于测定个人的工作成果；创造良好的条件和环境，提高职工的工作效率；设法征召和储备最优秀的人才；培训具有潜力的人员，使其胜任更复杂的工作；建立一套有效的考核办法，公平、公正地考核与评定每个人的绩效；奖罚有度，以提高士气。各层次的管理人员都希望上级能了解自己的工作状况，必要时给予指导，并希望上级处事公正，依据自己的成就给予精神与物质的鼓励或升迁机会。同时，各层次的管理人员也受到知识问题、技术问题、信息问题、态度问题、沟通问题、人格问题等的干扰。各层次的管理人员应关心下属的心态并采取措施为其排忧解难，既要与下属积极沟通，又要持虚心、诚实、谨慎的态度去提高管理技术，解决难题，如要评鉴已经获得的成果、分析当前的需要、设定高校的长短期目标、确定权责的归属、度量业务进展、评核绩效、确定成就给予报偿、更好地设计未来等。

（3）培训与开发设置

通过教学训练，教会管理人员如何管理，即为高校培训工作。组织开发是一种系统地、综合地、有计划地提高高校效能的方法，其目的在于解决对各级管理层次的经营有不利影响的问题。按照经营管理理论的方法进行培训与开发，首要的是进行目标管理、工作充实化教育和敏感性训练。此外，最高管理者要大力支持培训工作，培训对象主要包括所有管理人员与职工，学习要建立在自愿的基础上，培训要求因岗位或个人条件而异，培训方法取决于培训要求，理论必须与实践相结合。

对个人的培养与训练，首先要明确他现在的成效与行为和要求达到的成效与行为之间的差距；其次要明确他现有的才能与担任下一个职务所要求的才能之间的差距；最后要预测未来，适应不断变化的技术和方法，以达到新的才能。只有明确了上述三方面问题，才能进一步明确培训目标和培训方法。

培训一般分为在职培训与离职培训两类。在职培训，是受训者一边学习，一边工作，其具体方法有：有计划地提级、职务轮换、设立"副"职、临时提升、个别辅导、建立临时受训机构等。离职培训，包括高校内部训练和高校外部训练，如进行敏感性训练、专业证书班培训、特别培训、自修培训、视听培训及模拟培训等。组织开发的核心是要使高校各级管理者一起努力，以解决部门或高校所面临的具体管理问题。任何组织开发，其关键是人力资源开发，而人力资源得到充分开发的关键是要创造一个使全体职工爱岗敬业的组织环境，如组织机构清楚，权责明确；适当授权，使职工充分发挥个人积极性；赏罚分明，公平公正；相互关心，团结和睦；增强职工的认同感，使职工把高校利害、荣辱与个人利益结合起来等。

每所高校都应该重视人事教育工作，充分发挥人事管理的职能，如健全人事组织，根据高校规模大小，设立合适的组织机构，明确其权限职责，以做好人事行政和人事服务工作。根据高校需要，制定科学的人事制度。该制度包括任用条件及手续、工资标准、工作时间、请假规定、职工福利、考勤与考核方式以及奖惩、调动、离职、退休等一切人事规章。要想做好人事工作，就要加强劳动工资管理，及时处理劳动力不足或过剩问题，以及处理定级、转正、调资等问题；对外、对内进行协调与联络等行政工作；加强教育培训工作，有计划地组织职前训练、在职训练、正式教育与补习教育等；加强人事任用工作，如按政策与规定办理招工、奖惩、升迁、调动、缺勤、考核、退休等人事手续，要增加透明度，并接受群众监督，此外还要加强医疗保健、职工福利、协调服务等工作。人事管理工作涉及整个高校的工作效率。人事管理工作做得好，就可以提高工作效率、设备使用效率与资金使用效率，使高校得到更好的发展；相反，则可能导致高校失败。因此，必须注重挑选人事管理人员，严格要求人事管理人员，使所有人事管理人员能把握国家劳动人事政策，熟悉劳动人事制度，明晰事理、善于分析判断，具有丰富的办事经验，温和谦让、办事认真等。

（三）行政领导控制

对于我国高校来说，行政领导控制既指个人领导控制，又包括群体领导控制。领导功能的发挥，既与领导个人的品质、风格、才能相关，又与领导体制、分工、协调相关。对于领导的定义，不同的人有不同的看法，但多数人认为它是一种影响别人的力量，即影响别人使之心甘情愿地为实现高校目标而努力的过程。技术、才智、工艺、安排等因素，只是影响生产力的部分因素，而领导是影响生产力的关键因素。具有杰出思想、能激励别人去思考去行动的领导，往往具有较大的影响力，对其他职工产生正面影响。有人认为领导的本质就是被追随，因为有人愿意追随，也就有人会成为领导。不少人没有工作热情，或是缺乏动力，或是缺少机会，或是受工作环境的影响，或是本来就缺少这方面的天赋，领导的职能就是要管理好所有下属，并使其保持高昂的士气、持久的工作信心和工作热情，心甘情愿、竭尽全力地为实现目标做出贡献，也有人把这种功能称为统御功能。领导通过计划、组织、控制、执行职权、予以报酬引诱等，可以使职工发挥自身60%的能力；通过才能，可以使职工发挥自身40%的能力。行政领导控制的范围很广，下面主要阐述领导控制设置、授权控制设置、激励机制设置和信息沟通机制设置。

1. 领导控制设置

优秀的领导需要了解职工的需要，明白哪些是有效的激励因素，以及如何发挥其作用。如果把这些认识运用于管理活动中，领导的职能作用往往能得到更好地发挥。领导要公正严明，要顾及职工的心理和情绪，注重奖励和引导职工。领导事前应做周密的计划，对问题做到心中有数，以掌握职工的工作动态。此外，领导要公正无私、平等待人，不能以有权、有技术自恃。领导的影响力主要取决于个人品质、领导方法及对环境适应三方面因素。

许多人认为，领导者要具有完成任务、取得成就的强烈愿望和责任心；有追求目标的干劲和韧性；有解决问题的智力、才能、创造性和冒险精神；有开拓精神和自信心；有决断和敢于负责的精神；善于处理和调解人与人之间的关系；能忍受挫折和失败；有影响他人行为的能力和社交能力；能尊重、关心和信任他人等。

　　根据我国高校领导者所处地位及应发挥的作用，他们应该具有多方面素质：坚定的政治方向，应有的社会责任，讲究社会效益；创新意识，以适应激烈竞争的需要；清醒的战略头脑，有超前意识，既要有战略目标又要有战略步骤，把当前利益与长远利益、现实利益与长久利益结合起来；果断决策，敢冒风险；有很强的竞争意识；有文明精神，创新、求实、奋进，将地方高校精神转化为物质财富，充分调动职工拼搏、奋进的积极性；出色的组织才能，善于指挥，敢于授权，培养与造就优秀人才；广泛的知识和爱好，要进行智力开发和感情投资；有无私奉献的精神；密切联系群众。

　　对人和任务都表现热切关心的领导，往往比只对人或任务表现一般关心的领导能取得更高的生产率、更团结的集体。在管理实践中，领导实际上就是对计划、组织和控制的补充——当这些程序不能给下属提供足够的指导或帮助时，则通过领导予以补充。领导承认并刺激下属对奖励的要求，奖励达到目标的成就，支持下属为实现目标所做的努力，协助减少在实现目标过程中存在的障碍，增加下属获得个人满足感的机会，这就是途径—目标理论，是目前最有效的一种领导方式。这种方法的本质是，最有效的领导者应能帮助其下属同时实现高校目标和个人目标。其方法就是要明确规定职位和工人职责，消除取得成就的障碍，在制定目标时谋求群体成员的协助，加强群体成员的团结和协作精神，增加个人在工作过程中得到满足的机会，减少个人不必要的心理压力，明确奖励标准，以及做其他一些符合人们期望的事情等。途径—目标理论对上层职位和专业性工作特别有用，但对日常生产工作的实用价值不明显。要想成为成功的领导，领导必须有修养，从某种意义上说，领导为人处世的修养比知识本身更重要，它能极大地改善领导和被领导者之间的人际关系。领导必须通晓形成有效领导的各种因素、随机应变的各种方式、有关激励和领导理论的基本内容，必须善于将知识应用于实践；领导应将自己置于他人的地位，设身处地地体会他人的感情、好恶和价值观念等；领导应力求做到处事客观，不带任何感情地观察和追溯事件发生的起因，并进行评价，先分析后行动，以防仓促行事、处事不公。领导要有自知之明，即明白为什么自己要做某些工作，为什么有些行为无法引起别人的关注，为什么有些行为会引起别人的敌意。优秀的领导虽说取决于领导的个人品质、风格、方法等，但注意群体组合、优化领导班子更是实施领导控制的重要方面，这不仅是实行参与管理、民主管理的需要，也是我国完善各种经济责任制的需要。

现代管理学认为，如果整体内部每一个个体的选择是好的，群体组合的形式也是好的，那么整体的效能则大于个体效能之和。从整体领导职能来说，每个领导都是优秀的，其群体组合又是合理的，则领导集团的能力应大于每个成员能力之和，因为在个体能力之和之外还应加上"集体力"❶。任何高校的领导班子，注意个体的选择是为了发挥每个个体的特长，注意群体的组合是为了发挥集体的力量。为适应现代化、社会化大生产的需要，高校领导班子群体必须围绕共同的经营目标结成彼此协调、长短助力、团结努力的集体。实现地方高校领导班子群体的最佳组合，必须遵循目标原则、效率原则、能级原则、取长原则与协调原则等，还必须做到老中青相结合，技术与管理相结合，知识的广度与深度相结合等。

2. 授权控制设置

任何高校不能由校长一人独揽，必须进行工作责任委派，这就产生了授权。从本质上看，授权只是把决策权分给下属，但不是分散决策责任，相反，是权力下移而责任向上集中。授权不授责，授权留责，更不能只授责不授权，否则会导致主管推脱责任或揽功自居。

授权控制的主要功能：减少主管工作负担，把他们从繁杂的事务中解脱出来，以利于思考和解决重大问题；改进人事行政，增强下属责任心，提高其工作效率；发挥下属的专长；在管理实践中培养干部，增进下属的学识、经验与技能，以利于人才储备。以正式或非正式的方式授予下属用钱的权力；以明文或非明文的方式授予下属增人与选用的权力；以工作说明书的方式，授予下属进行例行工作的权力，而不必事事请示或等批准。授权的时间应根据具体情况而定。如果一所高校在遇到高级人员空缺，在职人员力不从心，有人兼任多个要职，机关工作决定权限集于极少数人手中，工作人员缺乏主动积极性时，均要进行必要的授权。如果高校主管人员感觉到计划及研究时间紧迫，办公时间经常处理例外公事，工作时经常被下属请示打扰，也需要进行必要的授权。授权应以被授权者的

---

❶ 刘盈池. 高校财务内部控制与绩效管理研究 [M]. 北京：新华出版社，2022.

能力强弱及知识水平高低为依据，因事选人，视能授权；授权前必须做充分的研究与准备工作，力求将责任与事权授予最合适的人员。

此外，高校管理者要根据明确的隶属关系进行授权，不得越级授权；要明确授予权责，具体规定其目标、范围；要进行适当控制，以免造成授权过度与不足，并规定考核与检查成效办法，建立适当的报告制度；要量力授权，应根据下属能力的强弱来决定授权，不可机械与硬性授权；校长要保留权责，过度授权等于放弃权力，某些权责校长理应保留；要相互信赖，授权者与被授权者应相互信赖，主管不得干涉下属的单独决定，下属应竭力做好权责范围内的事，不要事事请示，也不得越权行事；要适时授权，授权理应遵循一定的原则，但并非一成不变，授权必须视高校的实际情况来决定。授权不仅是科学，也是艺术，因此要注意授权技巧，如集中精神处理管理责任、依工作性质分派各人员执行、使下属有自由裁量权而仍能控制自如、使用正式任务命令书方式等。

3. 激励机制设置

高校管理人员的首要任务是创造和保持一种有利环境，促使人们发挥作用，帮助高校或部门完成其组织任务与目标。任何组织都要有一定的激励机制，去激励人们工作。人的一切行为的基本要素是活动，其中包括体力活动和智力活动，而且人的一切活动都是有目的、有动机的活动。动机是一种能够提供精神力、活力或动力，并指导或引导行为达到目的的内心状态。激励是可运用于动力、期望、需要、祝愿以及其他类似力量的类别。

有关激励的理论有奖惩理论、期望理论、激励理论等。奖惩理论主要是指运用奖、惩两种办法来诱导人们按所要求的那样行动，虽然是一种传统手法，但至今仍旧有效。期望理论的内容：人们受到激励去做某些事情，以实现某些目标。激励理论认为，人有三类具有激励作用的基本需要，如权力需要、归属需要和成就需要。根据现代管理的需要，激励的方法与手段主要有合理的报酬、正强化、职工参与管理、工作内容的丰富化等。报酬无论在什么时候都是一种有效的激励手段，根据人们的工作成就给予合理的报酬，有利于调动人的积极性。所谓正强化，就是指个体做出某种行为或反应，随后或同时得到某种奖励，从而使行为或反应强度、概率或速度增加的过程。这个方法强调排除不利于取得工作成绩的障碍，细致认真地从事计划工作和组织工作，运用反馈来进行控制，以及扩大信息沟通的范围。职工参与商讨与自己有关的行动，往往容易被激励，因此职工参与管理是一种成功的激励方法。参与管理与许多基本的激励因素相适应，它是一种对职工给予重视和赏识的手段，它能给人满足归属的需要和受人赏识的需要，尤其能给人一种成就感。鼓励职工参与管理，并不意味着主管人员放弃自己的职责，他们鼓励职工参与管理并仔细倾听下属的意见，但需要他们做决策的时候毫不犹豫。下级不会干预上级的职权，也不会对优柔寡断的上级产生敬意。

使工作内容丰富化，同样是一种有效的激励手段，它强调工作具有挑战性和富有意义，其主要做法是把更高的挑战性、重要性和成就感体现在职务，例如，给予教师在决定工作方法、工作程序和工作速度方面更多的自由；鼓励下级参与管理，鼓励教职工之间的交往；使教职工对自己的工作有个人责任感；使下级能看到自己的贡献，并及时反馈给他们工作的完成情况；让教职工参与分析和改变工作的物质环境；等等。究竟采取何种激励手段应视具体情况而定，应考虑多种变量或因素来建立相应的激励系统。

国内外很多管理专家认为，人们的工作除了获得报酬的需要外，还需要从工作中获得成就感和安全感。上级采用的激励手法主要有：以劝说、奖励为主，不要发号施令；不要事事都做指示，让下级自己做决定，适当授权；为下级设立明确的奋斗目标，不要事事指教；关心下级，倾听下级意见；信守诺言，并采取行动；分配给下级的工作要有连贯性，不要经常中途变卦；注意事前检视，防患于未然；设立简单的规范让下级遵守；下级即便有错也要心平气和地批评；要计划未来；要有信任感，避免轻率下判断；适当地奖励下级；让下级和睦相处，但不能拉帮结伙。值得注意的是，领导在进行奖励与惩罚时一定要公正，绝不能搞平均奖、轮流奖、倒挂奖、人情奖、固定奖、花样奖、红包奖等，以防职工出现懒惰心理、退缩心理、多占心理、赌气心理、对立心理、懈怠心理、投机心理、离心心理等。

二、高校财务绩效管理制度创新

（一）高校财务管理制度创新

高校财务资源的合理分配需要遵循财务管理制度的既定原则。我国高校当前践行的财务管理原则主要有两种形式：一是"统一规划、统一管理"；二是"统一规划、分层管理"。高校财务管理原则的创新需要充分结合上述两种基本原则，形成新的财务管理原则，即"统一规划、资金汇集、分层管理、及时核算"。在践行创新财务管理原则的过程中始终坚持高校最高管理层的决策地位，其教育资源分配权力、财务管理规章制定权力、经费实时督查权力需要按照财务管理原则落实。部分财务管理事务需要院、系结合学生实际需求和专业学科发展需要具体细分，分级的财务管理形式便于财务管理人员核算经费的实际使用情况，是实现高校经费实时督查权力的关键环节。高校财务管理需要在践行权力分层过程中对绩效的预算形式提出配套的管理办法，用以实现对全校财务工作的管理和领导。在同一规划的基础上分解各层管理人员需负责的绩效目标，最终提高高校财务管理水平。

（二）高校人才培养制度创新

高校的根本教育目的是培养适应社会发展的创新型人才，因此，在制定一系列管理工作制度的过程中要始终坚持人才培养的方针。只有提高管理政策的合理性、科学性才能为学生创设良好的学习生活空间、激活探寻知识的能力、发挥自身学习潜能，才能整体提高高校人才培育的质量和数量。高校在长期的实践路径中逐渐探索出适应当代社会人才培育的教育管理体系以及新思路，主要表现在三方面工作内容中：一是增加实践机会，给予本科生更多的专业课题研究机会；二是细分专业方向，给予学生更多的专业课程学习选择；三是将学分划分为必修和选修两种，丰富选修课程的内容，帮助学生拓展知识面、开阔眼界，更好地为自身专业学习奠定基础。

（三）高校科研管理制度创新

高校的专业学科研究是创新知识体系的过程，能够约束学科专业知识研究过程中学生主体的科研行为和思想意识。高校的专业学科管理工作进度主要由教研处归口管理，在学科研究的过程中仍遵照被动的学生管理模式，模式化的管理办法已不适应当前自由、活跃的创新型学术研究环境。因此，需要在创新管理机制的带领下转变自身项目研究申报、督查、评价、验收、鉴定和报奖的固化教研方式。

高校教研工作的组织理念以及执行办法需要相关教育管理者不断根据以往的实践经验展开科学创新，整体提高教育科研的管理水平。高校教研活动的开展需要融入为学生服务的思想意识，帮助学生在探究学科专业知识的过程中明确研究方向。在创新制度和理念的过程中重新定义高校教研工作小组各部门的职能以及管理范畴，实现教研过程中的责任到人。高校在着手提高制度的激励性功能时可从三个角度进行分析：净化科研环境为目的的激励制度、完善科研过程的激励制度、保护科研成果的激励制度。

1. 净化科研环境为目的的激励制度

在践行科研激励制度的过程中，首先需要考虑环境因素带来的影响，环境的良莠决定了制度推行过程中是否会受到诸多不良因素的阻碍。所以，在创新科研制度的过程中，需要对科研制度的实施环境进行管理，渲染科研管理环境的服务氛围。一方面，科研管理需要对申报的研究课题进行审批，课题需要贴合我国的实际国情以及社会发展的需要，坚持现代化建设的实践方针和改革开放的思想指导，在发现贴合社会发展效益的研究方向后要精准、及时地做出正确回应。科研管理部门需要发挥自身的资源调配优势，为科研项目的开展提供坚实的物质基础，在校内资源稀缺的情况下，科学调配校外资源配合重大课题、联合课题的研究需要，真正实现科研过程的简化及优化。另一方面，高校可以充分利用互联网的信息传递优势，为科研管理部门搭建信息交流平台，实现信息的有效、及时传递。❶在借助网络公布课题研究进程的同时，与社会企业建立合作关系，发动社会力量为科研活动供给更多资源和人才信息。

2. 完善科研过程的激励制度

高校需要从知识产权保护和考核制度设立两大角度进行完善。第一，需要考虑到不同学科的发展特点，在结合学科发展特点的基础上设定对应的评价标准。例如，新兴的专业发展方向可供参考的学术结论较少，在发表论文的过程中需要建设此类论文的评价标准。第二，专业学科独有的性质要求考核制度的确立需要满足其教育教学需求。例如，偏向理论研究的专业和偏向实践研究的专业，在最终考核的环节需要将理论结果或实践结果纳入考核范畴。第三，在分配制度上，既要体现知识劳动的价值，也要适当向基础研究倾斜，以人为本。一方面将科研

---

❶ 武媚.基于高校财务管理绩效评价体系建设研究[J].佳木斯大学学报（自然科学版），2023，41（2）：166-168.

成果和知识投入作为收入分配的要素，使科研人员能够通过自己的科研活动增加收入，提高经济地位；另一方面提高基础研究的科研人员的工资福利待遇，使他们能够集中精力，潜心钻研，保证科研质量。在知识产权保护制度上，对可应用的科研项目进行产权保护，及时为科研成果申请专利，准确评估科研成果的价值，积极推动应用型科研成果进入市场。

3.保护科研成果的激励制度

设立科研基金的激励制度，科研基金可视为专业学科研究制度中的关键环节，是激励专业学科开展研究的重要举措。科研基金涉及各类项目的研究成果，如发表优秀论文、编写优秀教材、校内外重大科研项目研究等。科研成果的激励制度确立可激发各专业人才对研究的积极性，如针对社会现象创新研究解决方案、为大学生修订专业基础课程教材等，促进人才培育的进程以及学术的发展。科研基金可以通过社会众筹、校友会等方式获取，并且保证在后续使用过程中，向社会公示。

综上所述，高校科研管理需要不断综合时代的发展需求创新管理体制，用以发挥科研管理对社会发展和人才培育的推动作用，促进我国科学与人文社会的不断发展进步。

第四节　基于云计算的高校财务绩效动态评价模式

随着以大数据、云计算技术为代表的数字化技术的高速发展，在高校财务管理信息化背景下，建立一个客观系统、规范有效的财务绩效评价体系，便于科学地评价高校教育资源配置情况。本节通过阐述云计算对高校财务绩效管理的影响，促进高校财务绩效管理的标准化，降低高校财务绩效管理成本，加速高校财务绩效动态评价模式的转变，进而设计出高校财务绩效评价框架，构建其评价指标体系，提出了基于云计算构建高校财务绩效动态评价模式的新思路，使高校财务管理从分管层面提升到动态管理与支持决策层面，有助于优化资源配置、提升高校综合能力。

一、云计算技术及其对高校财务绩效管理的影响

(一) 云计算技术概念界定

云计算是一种新型的、具有自主管理能力的计算系统,其主要特征是由大量的服务器组成,包括计算服务器、存储服务器和宽带资源等。云计算利用专用的软件,在人工介入的情况下,对计算资源进行统一调度。使用者可以对某些资源进行实时的请求,并对各个应用的运行提供支援,无须为烦琐的细节操心,可以将精力集中在自身的工作上,有利于提高工作效率,降低成本,促进科技革新。

云计算作为新一代计算模式的发展方向,不但能提供便捷快速的弹性伸缩服务,还能降低资源使用成本,进行大规模数据处理、挖掘工作。随着云计算信息技术的高速发展,大数据、物联网等新兴技术逐步扩大应用,给高校财务信息化工作带来了机遇,也为高校财务绩效评价提供了创新的技术。

(二) 云计算对高校财务绩效管理的影响

1. 促进高校财务绩效管理的标准化

目前,许多高校均建立了校园局域网,同时引进了各种部门管理系统,如教务处的教学管理系统、人事处的人事信息管理系统、资产处的固定资产管理系统,各自独立,并且数据标准不统一,跨部门之间无法进行信息的沟通与交换,使得财务管理出现了信息不对称情况,并且无法实现数据共享,这就产生了"信息孤岛"效应。这一问题对高校财务信息化建设造成了严重阻碍,并且无法对财务管理绩效进行准确衡量。云计算技术在高校财务管理中的使用,可以实现资源池在不同部门系统的共享,不仅可以调整资源池的容量,同时还可以合理分配资源,在提高资源利用率的同时,实现绿色计算。因此,云计算可以通过高校财务信息门户系统集成整合,挖掘获取潜在的有用数据。由于信息使用的部门及人员是动态变化的,这一切通过"云"实现,对标准化的数据进行统一灵活运用,既降低了管理部门协同的复杂度,又加快了财务绩效数据的标准化进程。

2. 降低高校财务绩效管理成本

虽然大部分高校都进行财务信息化的改革,摒弃了手工会计,但从会计电算化发展到今天,各高校都通过局域网配备服务器、交换机、工作站等设施,自行开发高校财务软件或选择外购专业财务软件进行财务管理,使得维护运行、更新

改造费用增加,这大大增加了财务信息化管理的成本。云计算运营商将提供几十万台服务器,为云计算提供强大的支撑平台,足以适应高校的业务量增长和工作需要,同时可以减轻高校经济负担、降低经济风险。通过 SAAS(软件即服务)模式或 PAAS(平台即服务)模式租用其平台或云,高校可减少重复购置成本,缩短开发运行周期,减少运维费用,节约人力成本和管理成本,降低高校财务绩效管理的资金成本和时间成本。

3. 加速高校财务绩效动态评价模式的转变

目前,许多高校财务绩效核算数据主要源于财务管理系统,而财务核算信息要比业务信息滞后,这就使得当前高校的财务状况和经济效益,不能被财务绩效评价系统客观地体现出来,进而学校财务管理水平无法准确地反映出来。将云计算技术与高校财务信息化管理相融合,可以实现对数据感知系统的充分利用,实现财务相关凭证和票据的无纸化操作,并且可以对档案进行电子存储,实时获取校内资金和各项资产、资源的使用情况。通过云计算技术可以实现对高校财务绩效的动态评价,并且评估和监督也不受时间的限制,符合高校管理的时代需求,可以高效分配资源,加速了高校财务绩效动态评价模式的转变。

二、基于云计算的高校财务绩效动态评价模式建设

紧密联系高校财务绩效与战略目标,是搭建基于云计算高校绩效评价体系的核心。在这一过程中,要全面联系高校的各项指标信息,包括财务信息和非财务信息,并在此基础上设计出适合高校的综合财务绩效评价框架,设计出一套规范的财务绩效评价指标体系,建立一种基于云计算的高校财务绩效动态评价模式。

(一)高校财务绩效评价框架设计

高校财务绩效评价框架是由与高校财务绩效评价相关的要素构成的结构化数据与非结构化数据相辅相成的有机整体,为了更好地开展财务绩效评价工作、实现更优的绩效管理,其意义在于通过相关财务绩效指标评价监测节约教学投入成本、提高高校资源利用率,达成高校战略目标。设计最优的高校财务绩效评价框架,是建设财务绩效评价体系工作的第一步,不仅可以提高财务决策质量,同时还可以提升高校资源的优化配置。高校应当依据自身的发展目标,以及承担的职能和任务,结合学校财务的实际运营状况设计财务绩效评价框架。

（二）构建高校财务绩效评价指标体系

高校财务绩效评价框架设计完成，高校应当依据学校财务的实际情况设计具体的评价指标，并对绩效评价制度和指标计算方法进行优化和规范，对指标评价的对象、内容、分值和权重明确指出，以便得出正确的绩效评价结果。在构建财务绩效评价体系时，高校要遵循层次性和整体性、长期目标与短期效益相结合、定性指标与定量指标相辅相成、可比性与操作性相协调原则，使得评价指标客观、公正、科学、系统地反映其财务管理现状，满足财务资源有效配置的要求。高校实行的财务绩效评价主要是考核教育资源使用的科学性和规范性、资金的投入和产出比例是否合理、能否达到预期效果、是否符合高校的发展要求。所以，建立一套严谨的高校财务绩效评价体系，不仅可以提高教育经费的使用效率、优化教育资源的合理配置、形成一种以绩效为核心的观念，而且有利于形成更科学的预算方案，使资金的分配和使用得到有效控制，进一步降低成本。

（三）基于云计算的高校财务绩效动态评价管理流程

进入数字化时代，高校会计管理信息系统成为构建财务管理信息化的基础，其核心是云计算管理，涉及的计算任务被分布到了由计算机构成的资源池中，根据需求的不同，应用系统可以自主获取计算力，选择恰当的信息决策资源。[1]需要注意的是，对财务绩效管理流程标准化的重塑，是高校财务绩效动态评价模式的必要工作，这对于提高云计算基础上高校财务绩效的动态评价能力，实现对高校各类资源的优化配置，全面规范高校管理具有重要作用。具体来说，基于云计算的高校财务绩效动态评价管理，其流程设计包括以下四方面。

1. 确定绩效管理目标

在高校财务管理中，财务绩效评价起重要的导向作用，通过制定恰当的绩效管理目标，全程把控绩效管理流程实施，有利于高校财务管理职能的顺利实现。此外，要注重提高财务绩效评价效率，依据绩效评价结果对资源进行分配，对于提高学校的投入产出比具有十分重要的意义。将云计算技术应用于高校财务管理中，通过绩效管理目标的制定，可以利用虚拟化技术实现对海量数据的全面整

---

[1] 彭满如，李慧. 数字化赋能视角下高校财务治理优化路径研究［J］. 财务与金融，2022（3）：7.

合。按照高校的整体战略目标，对现有的高校绩效管理目标进行评估，并对目标实施进行科学合理的分析，可以为财务绩效评估提供可靠的依据，进而展开高校运营工作，对提高高校管理效率具有十分重要的作用。

2. 服务数据流获取和加工

在实现高校财务管理信息化过程中，通过对云计算技术的运用，可以全面提高对财务信息的获取和存储能力。此外，还可以对校内不同部门的大量信息数据进行提取和加工，实现对多种数据信息的整合，包括内外部信息数据，以及财务和非财务信息数据等，以此真正实现跨部门数据信息的连通，以及资源共享，形成基础结构化的数据资源池，为财务绩效的实时评价提供必要依据。该模式依托于云计算的服务模式，打破了个体界限，对高校资源进行全面整合，通过搭建并完善公共数据平台，实现了绩效评价的各项数据对接，提高了实操的可行性和效率，推动了跨部门间的信息沟通和相互协作。

3. 应用数据指标评价与分析

通过对云计算的运用，高校可以提高对数据的智能化处理，能够更便捷地挖掘财务绩效评价应用指标数据。高校财务部门可以依据给定的目标，从海量的数据中提取出有价值的信息，然后通过数字化技术将其以可视化的方式呈现出来，全面提高了海量数据的信息分析能力。对于第二流程的业务数据，依据高校财务绩效体系，通过云计算平台将其分配给指标计算资源池，并最终计算出绩效评价的结果。在全面分析并评估绩效评价结果之后，需要将完整的财务报告提供给信息使用者，为其作出正确决策提供依据。此外，通过云计算技术可以对财务绩效评价指标进行分析，全面掌握高校绩效管理的实际情况，在监测到绩效指标异常的情况下，如指标过高或者过低，学校可以及时查找原因，并根据分析结果适度调整决策方案，以此提高高校绩效管理的科学性。

4. 动态绩效预警与监督

在云计算基础上搭建的高校动态财务绩效评价模式，可以看作一个管理监控体系，通过使用者要求的不同可以生成相应的财务报表。云计算具有可扩展的特征，其对降低信息使用成本，提高信息披露质量具有十分重要的作用。此外，云计算的可拓展服务还便于监管者获取财务数据反馈信息，并及时对财务绩效管理进行调整，有利于增强业务信息的时效性，改变了传统财务管理中信息传递迟缓的情况，减小了人工干预的影响，实现了绩效管理的有效提升。通过云计算平台的构建，在财务绩效数据发生异常或是监控到执行目标发生偏离时，系统会对管理人员发出预警信息，并告知出现错误的原因，还可以对后续业绩的进展情况进行实时跟踪，这就形成了一个运行良好的监控循环，有利于充分发挥绩效考核的激励作用，实现对财务绩效管理的有效监督，对提高资源利用效率起到推动作用。

以云计算为基础，构建高校财务绩效动态评价模式，可以突破时间、空间、评估对象等因素的限制。云计算的使用，可以收集更加专业和标准化的数据，使评价对象更精细化。此外，高校对共享服务的数据挖掘，可以实现对绩效评价科学化和智能化管理，并对管理效率进行全方位分析，实现财务管理的动态化，对提升高校综合能力、促进国家教育事业的发展具有重要作用。

第七章　大数据技术与高校财务管理研究

第一节　大数据的内涵及发展

一、大数据的内涵及特征

大数据最初源于计算机行业，是指在一定时间内，通过传统的软件不能处理的数据，其特征是数据量巨大、信息复杂。大数据的分析要求具有强大的处理能力和流程简化的高效处理过程。大数据涵盖的信息量极大，对问题的解析更完整、准确，因此被广泛用于现实生活的各个领域。

大数据可以分为两种类型，一种是结构化数据，另一种是非结构化数据。其中结构化数据占80%~90%，并且所占比例还在逐年上升。

大数据主要有以下几个特点。

（一）大量性

众多的新闻报道表明，2022年，互联网上每天会有1.67万兆信息被创作出来，这个数字是2021年同期的10倍。此外，有关资料表明，2023—2025年，网络每天生成的信息将以几何倍数增加，每天生成的信息数量将会突破0.75ZB。网络上每天都有大量的数据生成，这意味着大数据技术的发展已经到了刻不容缓的地步。

（二）多样性

当今社会，传感器、智能装置和其他科技迅速发展。在此背景下，由于涉及的信息数据非常广泛，除了与信息相关数据外，还涉及网页、搜索条件和电子邮件等各种新型的数据形式。需要注意的是，这些数据并不是全新的，有些是过去保存下来的。区别在于，现在不仅要将这些数据保存下来，还要对这些数据进行分析。要从大量的数据信息分析中找到对自身有益的信息，比如监控摄像机的录像数据信息。

如今，很多场所（超市、便利店等）都安装了监视摄像头，这些监视设备一开始只是为了防止偷盗，如今企业通过监视摄像头的数据，可以对消费者的购物习惯进行分析，从而有针对性地制定营销战略。

（三）高速性

每天都有海量数据生成，这些数据来自各种不同的渠道和领域，并且通过网络进行传播。在互联网高速发展的今天，人们日常生活中会生成非常庞大的数据，这就形成了一个巨大的"大数据资源"。对于大规模的数据梳理，不仅要求数据处理技术的高超，而且需要较高的成本。有些系统平台在运行过程中，必须对被缓冲的数据、未使用的数据等进行周期性操作，以保证其正常运行。正是由于以上理由，对海量数据的处理在速度和准确度方面提出了更高的要求。在大数据环境下，对大规模信息数据处理的要求是，可以从海量的数据中发掘出有价值的资源，并且可以在短时间内，快速而又精确地获取有效的信息。

（四）价值性

通常情况下，庞大传统数据中会含有重要数据信息，棘手的是需要从这些繁冗的信息中筛选出有用的信息，然后对这些数据信息进行处理和分析，从而得到对自身有益的信息。要注意的是，这些有益信息的含量较低，与在沙漠中寻找金子的过程无异。随着监控技术的广泛应用，很多公共场合（如银行、地铁等）都安装了监控装置，这些地方的监控系统24小时运行，形成了海量的视频。

一般而言，这种影像资料是无用的。这不会引起太多关注，不过在一些特定的情形下，比如公安机关寻找犯罪嫌疑人的时候，虽然有效的视频数据很少，但却是非常有用的。对于研究人类行为学的专家来说，他们也很看重这些视频信息。从一些画面中，社会学专家可以找到一些人类活动的特点，然后进行分析，将所得的信息数据重新整合、分析，或许能从中获取重大发现。

大数据与常规数据有很大差异，其最显著的差异就是上述所阐述的大数据的四个特征。以往"海量数据"的定义，只侧重数量，然而，"大数据"并不局限于数据的数量，还呈现出数据的规模、速度和形态的复杂性，需要对这些数据进行专业化处理，才能获得有意义的数据信息。

二、大数据的发展趋势

大数据领域的发展激动人心，它具有彻底改变企业经营模式的能力。因此，我们很容易只看到大数据的优点而忽略其缺陷。大数据的使用固然重要，但并不是无限制的，尤其在商业领域，道德问题非常重要，企业声誉可谓是成功的关键。有了社交媒体，丑闻瞬间就能传播到世界各地，企业多年来树立的形象将毁于一旦。

如果你听说过一些预测模型，以及企业利用大数据和分析技术从事的业务，就会了解什么是真正的危险，那就是隐私要给可能性让步。很明显，这涉及透明化问题，企业需要认真解决透明化问题。

在大数据领域，还需要解决重要的道德和伦理问题。大数据和"淘金热"有点相似——没有法律限制，又具有无限的机遇，人们甘心冒早期风险。但相关法律很快会健全，越来越多的人会为此感到不舒服。例如，企业收集了哪些信息？用来做什么？现在可能发生什么？

（一）迎接大数据的反作用力

可以预见，大数据会有反作用力。在参加的每个研讨会或主旨演讲中，人们经常会为数据收集的发展水平感到震惊，他们并没有意识到，自己很轻易地就会同意别人使用自己的信息，几乎不假思索。而大多数人根本意识不到这一点，这是我们面临的最大挑战之一。

我们并不清楚别人收集了哪些数据信息，尽管企业或应用程序已经在合同条款中明确列出，但大多数人都不会阅读这些条款，即使阅读了，也不明白其中的意思，或者弄不明白同意这些条款意味着什么。

例如，在伦敦咖啡馆，顾客需要同意相关条件和协议，才能免费使用无线网络。试验中有一条条款规定用户需要"将自己的第一个孩子交给公司"才能使用免费网络，试验中，有几个人居然欣然接受。

很多小型企业使用谷歌的电子邮件服务，谷歌邮箱既免费又可靠，而且存储容量大。但谷歌认为，顾客在使用他们提供的免费服务时就没有什么隐私了，但我们对这些又了解多少呢？简单来说，谷歌认为它可以阅读和分析谷歌邮箱用户发送或接收的任何邮件内容。美国联邦法院在案情提要中提到这个事实,并用来起诉谷歌。由于谷歌浏览用户邮件,被指控违反美国联邦和州法律,在辩护中发表了以下声明(最近由消费者保护组织曝光):如果给同事发邮件,收件人的助理打开邮件,发件人不会为此感到惊讶。同样,发送电子邮件时,在收件过程中,收件人的 ECS 提供商打开邮件再正常不过。

因此,从本质上来看,如果我们注册使用谷歌邮箱,就意味着放弃了所有的隐私权。谷歌通过使用文本分析,得到有用信息,进而优化广告定位。据笔者猜测,在 E-mail 4 亿多用户中,95% 的用户现在还未意识到这一点。谷歌邮箱只是其中之一,脸书因一直修改隐私政策和隐私设置而"闻名"——或臭名昭著。

任何人都明白企业需要盈利,提供像谷歌邮箱这类免费服务对一些人来说就是足够的回报。很多人并不关心隐私权。但如果我们想要平安蹚过浑水,必须加大透明度,明确它收集了哪些数据,如何使用或将如何使用这些数据。

关于数据和法律,很多法律体系都在完善。例如,斯堪的纳维亚国家的数据保护法要比英国和美国严厉得多。据预测,英国和美国将实施新的立法,加强保护数据和个人隐私。企业需要在他们收集数据内容和原因方面更加坦率,而消费者对于他们的数据也将拥有更自由的选择。

(二)透明化和道德化

现在,很多数据收集行为并不道德。企业向顾客解释收集了哪些数据以及将如何使用这些数据是非常重要的。如果一家非常不道德的企业,企业目标只是收集更多数据,而不关心别人的想法,那么这种做法在短期内可能有效,能够收集大量数据,但长期来看,对企业并没有什么好处。

公司如果不能坦率地表明收集和存储了顾客的哪些信息,那么就有失去这些数据的风险,企业名声也可能受损。如果顾客清楚企业收集了什么数据,以及如何使用这些数据,一般来说顾客都很乐意让企业使用这些数据,任何人都不喜欢上当受骗。

例如,消费者买了一块崭新的手表,很乐意让该公司收集相关数据(如睡眠模式或每天走多少步),因为公司很清楚他们追踪什么数据,而且公司收集的这些数据有利于消费者找到更健康的生活方式,所以消费者能从中获得益处。但是,假设该公司将数据出售给保险公司,保险公司利用这些数据修改保险金,消费者则是不乐意的。

遵循以下几条数据透明化建议，消费者会更乐意埋单。

第一，如果需要收集消费者或员工的信息，要坦率直言。

第二，解释收集这些信息的原因（能提供更好的服务）。

第三，不要将这些信息隐藏在冗长的用户协议或条款中，消费者根本不会阅读这些协议。相关信息简单明了，并且置于醒目的位置。消费者在网购注册详细信息时，用几句话带过，这样就非常好。

第四，消费者提供宝贵的数据应得到相应的回报（消费者参加调查可以享受折扣，或者说，如果允许记录消费者的数据，可以简化其购物流程）。

第五，消费者拥有选择退出的权利。尽管这意味着他们将不再使用公司提供的服务或部分服务，但最好还是让消费者拥有退出的权利。

第六，尽可能使用聚合数据，聚合数据与具体的个人没有联系。例如，将信息提供给对流行趋势和热门话题感兴趣的第三方，而流行趋势和热门话题与个人没有关系，只是一个群体追求的整体趋势。

（三）确保有附加价值

当企业收集消费者的数据时，诚实非常重要，如果能给消费者提供附加价值——让消费者觉得提供这些数据是值得的，也是个不错的主意。

例如，消费者购买了一台最新款的智能电视机，可以在这台电视机上进行设置，而且能够使用内置摄像头。这台智能电视机能够对家里的孩子进行面部识别，对他们观看的电视节目进行限制。消费者大多不介意电视机厂家了解我观看了哪些节目，什么时候观看，观看时间的长短，因为这有助于家长防止孩子观看不适合他们的节目。但是，当人们得知该厂家在收集他们观看电视的数据后，就引发了麻烦。那么，提高透明度和增加附加价值可以解决这类问题。

企业应该通过提供质量更好或价格更便宜的产品或服务，为分享个人信息的人带来实惠。始终寻求提供附加价值，这样一来，提供数据的消费者、员工以及其他股东都会认为这种交换是平等的，从而实现多赢。

如果人们能从中获益，那么人们会很乐意为企业提供数据——尤其是当企业能去掉信息的个人标签时。如果能向大家证明企业会合法使用这些信息，人们会做出积极响应。从根本上说，这么做有利于提高数据的长期价值。如果消费者感觉企业侵犯了自己的隐私，企业会因此失去大批顾客，这种情况下，利用数据更深入了解顾客则百害而无一利。

第二节　大数据的可视化

一、大数据可视化基础

（一）数据可视化流程

1. 明确主题

数据的形式具有多样化特征，同一份数据可以可视化成多种看起来截然不同的形式。在观测、跟踪数据进行分析时，强调实时性、变化性。对于强调数据呈现度的数据进行分析时，进行交互、检索的设计等。不同的目的决定了不同的图形表现形式。常用 BI 产品（如 Tableau、Power BI、Fine BI、Smart BI 等）作为专业的图表可视化软件，可根据不同的数据分析需求，满足不同企业和个人的需求。

企业进行数据可视化分析前要明确分析的主题和目的，需要通过数据分析展示什么样的成果，数据需求直接源于分析结果。

2. 获取数据

获取数据的过程需要掌握以下几点：数据要丰富、充盈，以便尽可能地展示分析结果；BI 产品能极大地满足个人、企业的需求；保证数据的可靠性，可靠的数据决定了可视化的准确性和结果；准确地找到所需要的数据。

3. 数据分析和清洗

在日常生活中，我们面对的数据常常是庞大、繁杂、无规律可循的。企业进行数据可视化之前需要对数据予以清洗，剔除不需要的数据。根据可视化的目的，将清洗后的数据源利用大数据分析工具（如 Tableau、FineBI、Power BI 等）进行下一步分析，得出结论，为可视化打好基础。

4. 选择分析工具

选择数据分析工具时需要满足以下几个要求：多种可视化分析效果，最完备的集合数据分析，挖掘洞察，数据研究的可视化分析平台；超快的分析速度和卓越的分析性能，告别烦琐的培训周期；丰富灵活的前端展示，完备的数据生态系统秒级渲染；可视化效果库，满足企业、政府精准数据分析需求，协助制定完美解决方案，成就最佳商业智能。

5. 解释与表述

解释与表述分为图表解释和文字说明两种。图表解释是指通过一定的形状、颜色和几何图形的结合，将数据呈现出来。为了让读者能读清楚，图表设计者就要把这些图形解码回数据值，读者提供线索或图例解释图表。而在借助图形化的手段清晰且快捷有效地传达与沟通信息的同时，文字的增色作用也不容忽视。

6. 修饰与细节

数据可视化的效果应具有层次感，大轮廓概述整体效果，在细节处对数据进行详细呈现，使数据得到充分的体现。数据可视化切忌华而不实，力求简洁直观地展示数据成果。

（二）大数据可视化的挑战

传统的数据可视化仅将数据进行组合，以比较简单的方式展现给用户，这些做法常见于一些数据仓库的报表型应用中。而大数据可视化面对的不同于传统数据的特点，即数据量大、实时性高、数据类型繁多等，给大数据可视化提出了新的挑战。

1. 多源、异构、非完整、非一致、非准确数据的集成与接口

大数据中数据源多样化，涵盖多种数据源，对各种数据源的支持和集成将直接影响数据的完整性和准确性。而可视化的前提是建立集成的统一的数据接口，使开发者和使用者不必关注其背后的复杂机制。多数据源的集成和统一接口的支持，是大数据可视化面临的挑战。

2. 符合可视化心理映像的可视化设计方法

可视化的目标应该是呈现结果容易被用户理解、感知和体验，同时还应该具有丰富的表达能力。如何将高维度数据可视化，一方面，需要有一定的心理映像机制来指导，但是目前对视化表征设计的合理性、自然性、直观性及有效性的评

估，仍然缺乏科学机制；另一方面，用户体验尚难以量化和捕捉，而且用户体验的合理性没有最好，只有更好。

3. 人机互补的最优化协作

人具有机器所没有的特定的认知能力和感官能力，可以快捷地从信息中抽取出有用的信息和知识，而计算机具有强大的精确计算能力，可以进行大规模挖掘计算。在大数据可视化中，如何设计两者最优的交互协作方式，以便有效地进行多层次、多粒度的挖掘和分析，具有一定的挑战性。

4. 可视化算法与架构的可扩展性

一方面，数据量的不断增加和数据流动性的加快使得可视化方法所需要的计算量增大，可视化架构需要适应不同规模的运算，以实现高速动态可视化处理。例如，当数据量不断快速增长时，时空数据的维度会越来越多，其可视化会面临大量的图层交叉和覆盖的问题。另一方面，新的互联网应用模式的出现，必然导致新的数据形式的出现，这就要求大数据可视化分析方法在应对复杂未知类型的数据方面应具有良好的可扩展性，包括感知扩展性和交互扩展性。

5. 其他问题

大数据可视化还面临其他一些问题，如视觉噪声、信息丢失、大型图像感知、高速图像变换、高性能要求等。其中，视觉噪声是指大多数对象有很强的相关性，需要对它们进行去噪声处理，作为独立的对象显示。可视化中数据延迟、实时性不够是另一个问题，将信息转化为可视化数据过程中会出现数据迟滞现象，导致显示界面的数据与真实数值产生偏差，即在较长时间内，计数是准确的，但在较短时间内会产生偏差。

二、大数据可视化方法

大数据在可视化输出展示中，根据不同的应用场景和信息处理过程，可以分为多维数据可视化、文本可视化、网络可视化、时空数据可视化等。

（一）多维数据可视化

多维数据可视化是指对3个维度以上数据进行的可视化展示。最常用的场景是数据仓库分析，数据仓库的数据有多个属性，多维可视化就是将每个属性作为一个维度，数据记录在维度上的值就是对应的变量值。因此，多维可视化可以认为是将数据记录映射为多维空间中的点（或称为多维矢量）。由于人的习惯，这些矢量通常在二维或三维的空间中再现。

多维数据可视化相关的主要过程如下。

1. 多维数据的降维

数据降维的目的是将数据从多维数据空间映射到低维空间。在数据分析领域有一些专门的降维方法，如特征选择、特征提取等，与数据分析的具体任务有关。其他做法就是由用户选择感兴趣的属性子集。

2. 多维数据探索

即使数据变换到了低维空间，三维以上仍然不适合人的体验习惯。因此，需要对数据进行切片、切块、旋转；用户对多维数据进行搜索，得到相关的有用信息。

3. 多维数据可视化

多维数据可视化是指将数据以图形图像的形式显示出来。

在上述处理过程中，多维数据可视化常用的技术有以下几种。

（1）散点图

散点图是将数据集合中每一行记录映射成为二维或三维坐标系中的实体。例如，如果描述房价和面积的关系，就可以用横纵坐标分别表示房价和面积。如果是多个变量之间的散点图，则可利用散点图矩阵。例如，除了房价和面积，还有房间个数、房屋所处的地段、新房旧房等变量，则可以定义 k 个变量，创建一个 k 行 k 列矩阵，每行或每列变量之间两两构成一个二维空间，形成一个空间关系，这样就可以通过多个散点图来展示数据之间的关系。

（2）投影法

投影法是可以同时表现多维数据的可视化方法。它的基本思想是把多维数据通过某种组合，投影到低维（1～3维）空间上，通过极小化某个投影指标，寻找出能反映原多维数据结构或特征的投影。

（3）平行坐标法

平行坐标是应用和研究最为广泛的一种多维度可视化技术，其核心是用二维的形式表示 N 维空间的数据。它的基本原理是将一维数据属性空间用一条等距离的平行轴映射到二维平面上，每条轴线对应一个属性维，坐标轴的取值范围从对应属性的最小值到最大值均匀分布,这样每一个数据项都可以用一条折线段表示在一条平行轴上。

基于平行坐标法,常用的实现技术有:①基于刷技术。刷技术是一种凸显数据子集的可视化技术,它通过凸显一部分折线而使其他折线不明显,从而更清晰地显示局部变化规律。②维数控制。通过减少不重要维度,忽略部分不重要数据,降低了平行坐标的复杂度,从而使关注部分更加明显。③交换坐标轴。通过交换数据坐标轴,猜测和探索数据属性间隐含的关系。④维缩放。通过局部数据的缩放,将其与全局数据进行比较来发现其隐含的联系和变化趋势。此外,还有数据抽象、颜色比例等技术。

平行坐标法面临的问题是在海量数据情况下,大规模数据项造成的线条密集和重叠覆盖问题。针对这一问题,常用的方法是对平行坐标轴简化,形成聚族可视化效果。

(二)文本可视化

文本可视化方法试图将文本内容以直观方式展现出来,而不是局限于文字上的描述。然而,这种直观表达方法要尽量保留文本中的重要信息和关系。因此,文本可视化过程一般需要结合文本分析的技术,如中文分词、关键词识别、主题聚类等。由此可以看出,可视化的过程与文本分析过程实际上有共同的步骤,可以实现自然的融合。

主要过程如下。

1. 中文分词

对中文文本的词汇切分,分离出中文词汇、英文单词、数字、特殊字符等文本表达的基本要素。这也是许多中文文本数据分析必经步骤。

2. 文本特征

文本特征就是反映文本重要性的一种词汇信息,这些信息将直接影响文本可视化中的词汇集。文本的重要性与具体的文本分析应用有关,如在理解文本的主要内容时,高频词汇的重要性显然会很高。在文本分类时,则未必如此。因此,在文本特征选择上应当结合具体的可视化需求。

3. 文本表示

文本表示与多维数据表示一样,在确定文本特征之后,需要决定该特征的重要性大小，即所谓的权重函数，常用的有 TF 和 TF-IDF 等。这样处理后，文本表示可以采用多种不同的方法。目前主要有两种方法，一种是空间向量模型，另一种是概率模型。

4. 文本可视化

文本经过特征选择降维后，维度仍然非常高，并不适合采用前述的多维可视化技术。文本分析可视化可以分为静态可视化和动态可视化。静态可视化主要分析文本包含的主题和各主题之间的关系；动态可视化是指主题随着时间变化的关系，两者在可视化的表现形式上有所不同。

最常见的静态可视化是标签云格式的形式，标签云是将 HTML 潜入网页中，它以字母次序、随机次序、重要次序等排列，除了标签云，还可以以树的形式进行可视化展现相似度，或者以放射状层次圆环的形式展示文本结构，或者将一维投影到二维展现，用层次化点排布的投影方法进行展现。动态可视化与时间有关，需要引入时间轴作为一个维度，一般可以用气泡、河流等模式的图形进行展示。

（三）网络可视化

互联网大数据中有一大类型数据就是连接型数据，它们直接或间接地存在于许多互联网应用中。这种数据的特点使它们在逻辑上构成了一种网络图结构，图中的节点是数据单元，节点之间的连接是数据之间的关系。微博中的人际网络数据就是一种直接型数据，反映了人与人之间的关注和粉丝关系。网络论坛中用户关系则是一种间接型数据，用户是网络中的节点，用户所发的帖子之间的关系则反映了用户之间的关系，需要通过对帖子关系进行分析之后才能得到。

无论哪种类型数据，它们在逻辑结构上都可以看作一种网络结构，这种网络图结构可以是有向图，也可以是无向图，连接可以是有权的，也可以是无权的。网络数据的另一个特点是：网络可以是静态的，也可以是动态的。网络的动态性体现在两个方面，一是网络规模是动态变化的，二是网络节点及关系是动态变化的。

网络可视化技术分为九类，包括基于力导引布局（Force-Directed Algorithm，FDA）、基于地图布局（Geographical Map）、基于圆形布局（Circular）、基于相对空间布局（Spatial Calculated）、基于聚类布局（Cluster）、基于时间布局

（Time-oriented）、基于层布局（Substrate-based）、基于手工布局（Hand-made）和基于随机布局（Random）的网络可视化技术。其中，力导引布局方法能够产生相当优美的网络布局，并充分展现网络的整体结构及其自同构特征，所以网络节点布局技术被广泛应用于网络可视化中。在互联网大数据中，经常会遇到一类所谓的网络权威人物，这类可视化可以采用基于圆形布局，该方法在圆心放置一个或一组节点，在同心圆周上按顺序布局其余节点，它能利用通过圆心的十字线产生优良的布局。

大部分网络可视化应用都结合使用多种节点布局方法。例如，Vizster 和 Social Action 就同时使用了力导引布局及聚类布局方法，NVSS 在每一层内又使用时间布局方法等。

对于大规模网络，当节点和边数达到数以百万计的时候，以上简单的可视化由于边和点会聚集重叠，将不再适用，此时最常见的处理方法有两种：一种是对边进行聚集处理，其常用的有基于边捆绑的图可视化技术和基于骨架的图可视化技术；另一种是将大规模图转化为层次化树结构，然后通过多尺度交互来对不同层次图进行可视化。

对于动态网络数据的可视化，其关键是将图和时间属性融合，引入时间轴，将图形以基于时间轴的形式展现。

第三节 大数据时代高校提升财务管理能力的方法

随着数字化时代的来临，大数据技术的运用越来越广泛，人民的生活质量也越来越高，高校财务管理信息系统正朝着科技化、先进化和信息化的方向发展。这就需要高校信息化建设，以及财务人员素质不断进行提升。本节主要对当前高校财务管理工作中存在的一些问题进行归纳，并针对这些问题提出了一些切实可行的对策，以期对各高校实际财务管理工作有所借鉴。

大数据技术的出现，对庞大的数据信息采集、数据信息分析以及数据信息的合理利用等具有巨大的推动作用。随着社会的进步，人们对子女的教育更加重视，国家对高校的教学质量提出了更高要求，同时，在施行新的教育改革制度的过程中，高校对财务部门的管理能力也提出了进一步要求。❶高校为了确保财务管理质量，加强财务管理能力，引入了许多先进网络技术，对财务管理体系进行了持续的改进与升级，并对财务管理制度的创新进行了探索。高校为了实现内部财务预算、核算、决算三大体系的真正衔接，建立了信息化决策平台，全面提高了高校财务管理能力。

一、大数据时代高校财务管理的不足之处

进入大数据时代，高校财务管理还有很多不足之处，主要表现在以下几个方面：

第一，高校在对财务管理信息系统建设过程中，忽视了系统的前沿性和可扩展性。随着数字化技术的快速发展，各行业为了跟随时代的脚步，对技术的发掘和创新都有浓厚的兴趣，这对行业的发展也产生了巨大的推动作用。作为一项新型数字化技术，大数据凭借自身的优势，受到了各行各业的欢迎，开始广泛应用于行业的改革和升级中。相应地，教育行业对大数据技术的运用也极为重视。但教育行业在对大数据这种新型技术运用过程中，不可避免地产生了一些问题。例如，高校在运用大数据技术搭建财务管理信息平台的过程中没有考虑到学校未来的发展方向，忽视了对平台未来的优化、升级以及新功能的开发，没有留下足够的发展空间。此外，很多高校对大数据技术缺乏重视，对数字化的财务管理系统建设得不够全面，存在很多漏洞，并且不同部门使用的财务管理系统也存在较大区别，跨部门的互联性较差，忽视了对扩展性的发挥。

第二，一些高校虽然利用大数据技术建立起了财务管理信息系统，但却没有发挥其应有的作用，在学校进行决策时，不能为决策的正确制定提供可靠依据。当前，高校对财务信息管理的运用还停留在传统观念上，主要用来编制账簿、记录收支、查询账本、控制资金的使用以及发放工资和奖学金等，却没有发挥基于大数据构建的财务管理信息系统在财务分析、财务规划和经费控制等的作用，因

---

❶ 何小红，王悦. 大数据背景下的高校财务管理变革 [J]. 预算管理与会计，2022 (11)：4.

此所获得的信息不能对学校决策提供足够支撑。

第三，专业技术人员储备不足，专业技术水平不高。随着时代的进步，人民生活水平的不断提高，广大群众对生活质量提出了更高的要求，因此，高校在进行财务管理过程中，对人力成本的支出也有所增加。由于受到行业限制，高校无论是在管理制度、薪资待遇还是发展前景等方面，都与大型互联网企业间存在较大差距，在人员招聘上缺乏优势，很难招聘到财务专业和技术能力都很强的人才，导致高校技术人才储备不足，团队整体专业技术水平有限，并且人员的工作积极性也不高。

二、大数据时代高校财务管理水平提升的有效方法

（一）加强会计核算工作标准化建设

在大数据日益普及的时代，高校只有建立起标准化的会计核算制度，才能在财务管理质量上实现大幅提升。具体来说，需要做到以下三点：

第一，高校要对校内所有人员的工作进行标准化和规范化管理，包括教师、学生、后勤人员和清洁工等。高校要针对服务对象所处部门和组织结构的不同，对其进行编号和分类，并以此为依据在财务系统中建立与之对应的数据库。此外，还要针对服务对象需求的不同，建立起个性化的操作平台，为其开发相应的功能，满足服务对象的个性化需求。

第二，高校要确保核算基础的标准化，根据国家的相关规定，遵循社会发展需求，学校应合理调整会计核算工作，对工作中所涉及的会计科目不断进行完善，在结合财务管理需求的基础上，要考虑到创新性项目的增加，以此实现对学校各项目财务管理的标准化处理。

第三，高校要注重对财务部门工作人员的标准化培训和再教育工作，使得财务人员专业素质和能力水平得到快速提升。

（二）建立健全财务信息管理制度

高校应建立可持续发展理念，并在发展需求的指导下，建立健全财务信息管理制度，并予以严格执行，以此提高学校的财务管理能力。高校在运行过程中，会涉及各种各样的项目，还会发生很多突发情况，因此在财务管理中经常会遇到多种问题，为了避免同类问题的发生，有必要对这些问题进行分析和汇总。在对

这些问题进行归纳后，可以找出其中存在的规律性问题，然后制定针对性措施，以改进和完善学校的财务信息化系统。此外，高校还可以利用大数据技术搭建自身的数据库，然后运用数据挖掘、数据检索等大数据方法，规范学校的财务管理。高校要对刚入职的财务工作人员进行培训，要求他们必须遵循学校的财务信息管理制度，严格按照制度行事，防止由于人为原因而造成财务管理中错误的出现。为了提高财务管理人员的工作积极性，高校还要制定奖惩制度，对绩效好的员工给予嘉奖，对绩效较低的员工给予批评或适度惩戒。除此之外，高校财务管理还要做到权责分明，将工作职责细化到个人，明确个人的工作分工，落实并执行财务管理的各个环节，实现高校财务管理质量的全面提升。

（三）加强对财务管理人员的综合素质培养

任何一项工作都离不开人工，高校财务管理工作也不例外。财务工作人员对财务管理工作的好坏起到重要作用，并且财务人员的个人素质水平也会影响财务工作的最终成果。在大数据逐渐普及的环境下，高校财务部门必须紧跟时代的步伐，重视对大数据技术的运用，加强部门员工的大数据技术运用能力，注重专业知识的培训工作，全面提升财务管理人员的业务能力。为提高高校财务管理质量，学校必须重视财务管理队伍素质的提升，重视对财务人才的培养，提高整个团队的专业能力和协作力。此外，在人员选用过程中，财务出纳和会计要具备一定的财务信息管理经验，应熟练操作财务信息系统，提高工作效率，确保财务管理工作的顺利进行。

第四节 大数据时代高校财务治理新动能

随着信息技术的快速发展以及基于数据的决策方式的转变，大数据正在深刻地冲击着高校治理的思维方式、组织决策方式、技术方法，并使传统的高校财务管理流程与方法发生新的变化。

一、大数据时代高校财务治理新动能的现实意义

当前大数据技术的快速发展，会转化为巨大的动力，在新技术、新方式的加速培养中，新动能的不断增长会对旧动能形成削弱，也就是在建立治理新常态之后，逐步实现对旧动能的改造，从而实现对高校财务治理的升级优化。大数据作为当前的技术发展新趋势，具有低成本和技术先进等优势，将其应用于高校财务治理中，有利于实现高校财务的创新，提高价值效用，实现财务治理的优化升级，为高校的发展注入新的活力。大数据的使用，可以改变传统的财务管理模式，提高对师生财务需求预测的准确性，实现对服务的个性化定制，还可以增强学校运营业务的多样性，实现财务的扁平化管理，确保财务管理职能的充分发挥。此外，通过对先进数字技术的运用，包括大数据、物联网、人工智能等，可以实现高校财务治理科学化，增强决策的智能性，在线处理财务业务，提高财务治理的质量。

（一）有利于高校做出科学决策

在传统的决策模式中，人们往往依赖于决策者的个人经验与情感，而以大数据为基础的财务治理可以使每个决策都得到可信的数据支持，同时还能获取更多而不局限于财务领域的各种信息与数据。例如，为了一项实验或是实训项目的需求，高校需要采购一批计算机，在对该项需求进行评估时，首先要明确项目课程对计算机设备的参数要求，然后预测课时数及受训人数，来确定该项目需求是否有通过的必要性。项目得到批准后，还要依据项目最终的实施效果以及受训人员的反馈信息来评估对项目资金的使用情况，以便最终作出科学的购买决策。

（二）有利于提升财务治理绩效

将大数据技术应用于高校财务治理，通过数据协同模式，可以对高校各部门或是项目经费的实际情况有清晰的了解，以此来对学校的业务流程进行持续优化，为学校财务治理方式的革新提供了新的途径和方法。在大数据时代背景下，通过对整个流程中的数据进行及时跟踪和反馈，可以为财务深度分析、追溯过程、优化决策等的应用奠定坚实基础。例如，基于对校园锅炉、空调及其他高功率电子产品等，上百个或更多参量的智能化分析和应用，无须添加任何硬件设施，就可以实现分秒量级的精准操控，每年可减少 4%～20% 的能耗，为学校

节省 10 万余元资金，而节能工程的初期投资仅需要 50 万元，预计 3 年内就能回本，这说明相关的经费投入是合理的，并且很有必要。

（三）有利于实现财务精准分析

大数据是从大量的数据中衍生出来的，随着数据规模的增加，包含的数据量会越来越多，在将大量数据信息应用于模型中后，最终所得的预测结果会更加精确。利用大数据技术，与相应的性能分析模式相融合，能够对特定工程的财政状况进行精确分析，从而提高财务预算的准确性，提高学校的整体效益。比如将财务系统、教务系统和科研系统等各种类型的资料进行关联和获取，从多个角度、全方位地对教师所负责课题的相关资料进行准确分析，以此获得对该课题资金的综合评估。此外，还可以通过大数据技术对用的个人相关数据，以及以往的服务数据进行分析，以明确用户的使用需求，为用户提供更精确的个性化服务，提高学校财务治理服务的精准性。

（四）有利于增强高校预测预见性

在高校财务治理中，想要提高预测数据的准确性，可以通过对大数据样本建模评估的形式来进行。对于数据来说，延伸性和拓展性是其重要属性，这对提高工作的前瞻性是极为有利的，能够提高高校财务治理的现实价值，对财务部门中存在的安全问题提前预见，及时采取相应的治理措施，以降低高校财务治理的风险。例如，可以通过大数据技术对用户经费额报销习惯或是结果进行建模分析，对潜在的个体非正常情况进行有效预警，可以从根源上预防财务风险。此外，通过对大数据的深入挖掘和分析，高校财务的实际经营效果可以更快速、更直观地反映出来，这对提高高校财务治理的水平也是极为有利的。

二、大数据时代高校财务治理新动能的影响分析

在大数据时代，大量、多元的数据"爆发"，表明人们对数据的处理将更为困难。大数据的使用对高校财务治理新动能产生了深远影响。

（一）对大数据时代高校财务治理思维方式的影响

大数据时代，数据驱动的决策模式改变了人类的思想，从而引发了一种新的研究范式，并对高校财务治理决策产生深远影响。

第一，大数据环境下，高校管理行为以大数据为中心，对行政、金融、教

育、科研等各个领域中所形成的大量数据进行采集、汇总和分析，必将获得更为准确的规律和成果。

第二，当面临半结构性或无结构性数据时，无须再预先将其格式转换为统一的规范，从而使人们从更广阔的角度来看待问题，并避免了将大量的、多样化的数据被排除在外。

第三，利用大数据对海量数据中隐含的因果关系进行深入研究，更容易发现和找到其中蕴含的规律性信息。

第四，与传统的财务管理方式相比较，通过对大数据的运用，高校财务治理可以更好地保护个人及集体利益，以此激发全员参与的积极性，提高整体活力，还有利于促进决策的统一性，最大限度地降低数据风险，提高数据安全性，培养财务治理人员形成科学的思维模式。

（二）对大数据时代高校财务治理方法手段的影响

满足用户的需求是大数据时代关注的重点，在大数据治理时代，首先需要对大量繁荣的信息数据进行深度处理，并对有效的信息进行挖掘和分析，从中提炼出新的知识和信息，这与传统数据分析有明显区别，可以促使假说驱动向基于数据决策驱动的逐步转变，进而促使高校财务治理方式实现根本性变革。

第一，针对全部数据样本，提出了一种更具体的实施方法。该方法具有带宽更高、暂存容量更大、运算环境更简单等优点，能够在不经过大量精简的情况下，就可以通过数据充分地、全面地描述复杂物体，并从中发现其内在的规律。

第二，注重全局的联系以及各数据之间的相关性。纷繁复杂的海量数据间，存在杂乱无章的联系，必须将这些数据看作一个整体，然后通过对大数据技术的使用，找到这些数据在宏观上存在的联系，实现数据信息的关联性探究。

第三，接纳多元化，降低了对数据标准的要求。通过大数据技术建立的数据库，其中收集的数据大多是不规范的，不是标准数据形式。在此背景下，传统的数据库方法难以兼顾具有一致性与容错能力的数据，必须借助更为便捷的计算方法与效率更高的计算程序，将注意力集中在过去未被重视的流程细节上，从而实现对新数据的挖掘与分析。

（三）对大数据时代高校财务治理决策行为的影响

大数据所具有的规模大、种类多等特点，需要在实践中加以利用，才能挖掘出最大的应用价值。随着观测、感知、模拟、计算和仿真等行为的日益普及，大量以前不被认可的数据被加入了数据量与类型的增长中。在财务治理过程中，越来越多的信息为财务治理的决策制定和实施提供了依据。大数据的本质就是从大量的数据中发掘并总结出隐藏的模式和规则。在此背景下，以往难以通过单纯数据分析所获得的信息，都可以通过大数据技术观察到，各数据间存在的纷繁复杂的联系，可以为治理决策提供相应依据。大数据为我们带来了全新的认知，同时也为我们的研究带来了新的思路。这些从大数据中挖掘出来的信息，可以帮助我们作出更好的选择，提升高校财务治理能力，确保学校财务治理工作能够朝着正确的方向发展。

三、大数据时代高校财务治理新动能的制约因素

（一）理念思路束缚

大数据技术的广泛应用对人们的思维模式产生了巨大冲击。以经验为导向的传统思维模式，与大数据环境下精准、合理的思维模式有很大差异。目前，基于大数据的思维与理念，更为复杂化的多元对象成为人们关注的焦点，高校财务部门可以通过对大数据技术的利用，对多元对象展开分析和判断，建立财务治理新方式，以适应时代的发展。目前，对于大多数高校来说，其内部对大数据的认知都较为片面，没有建立大数据治理理念，忽视了在财务治理中对大数据技术的运用，将更多精力集中于财务监管方面，从而制约了高校财务大数据的发展和治理过程。

（二）体制机制约束

大数据是一项复杂的系统工程，涉及很多部门和很多层面。目前，我国大部分高校内部的信息还没有实现充分的互联与共享，部门间各自为政造成了系统上的物理隔离。我国高校与高校、社会之间缺少一种高效的、跨区域的协作治理和信息交流机制，还没有在财务保障、校园安全和教学安全等方面建立起多层次的协同治理模式。高校内部存在治理部门化和碎片化趋势，过于注重对数据的安全性和隐私保护，同时也存在"不愿""不敢"和"无法分享"数据信息等现象，从而导致"数据孤岛"现象的出现。已经被公布并实现共享的信息数据，由于没有建立统一的数据接口，因此存在共享责任主体不明确，利益边界不明确的情

况，信息关联融合程度不够深入，进而影响了高校财务治理的效率和效果。

（三）人才瓶颈限制

高校在进行内部治理过程中，会涉及多个部门和环节，包括决策、规划、组织、协调、建设、监督等，流程和环节较为复杂，因此需要通过大数据技术来实现治理的简洁化和高效化。从高校财务人员现状来看，其对大数据的应用水平有限，并且没有专业的大数据人员来构建数据计算模型，由于高校财务部门的待遇有限，很难吸引到优秀的大数据复合型人才进入学校财务部门任职。此外，对于学校内部的经营工作及程序，相关管理人员了解得也不够全面，因此在学校实际运营中，经常会出现供需脱节的情况，难以实现有效供给。随着科学技术的不断升级，高校忽视了对信息化建设的优化升级，没有建立有效的项目绩效评价机制，导致在学校项目工程建设中产生了盲目性和主观性，影响高校财务治理成效的提高。

（四）业务环境桎梏

在高校治理工作中，应确保基础信息的准确性和完整度，因为其对学校治理工作的最终效果会产生重要影响。但是从现实情况来看，对于基础信息的设计与整体规划，很多高校缺乏正确的认识，不可避免地造成了财务、教务等经营体系的重复建设问题。并且高校整体运行过程中，对于不同的业务系统设定了不同的标准和规则，并且存在较大差异，因此导致数据存储中分散和冗余现象较为严重。从高校的数据库建设总体状况来看，虽然已经初步具备了基础数据的流转、存储和查询功能，但是在跨部门、跨系统的信息需求和判断方面，仍存在较大问题。同时，在数字校园建设中，很多业务系统处于初期项目，已经运行超过5年，但未进行过更新和升级，其功能、安全性和稳定性等方面都存在一些问题。很多高校中的财务应用服务也较为基础，在数据的共享互联中缺少个性化设计，忽略了师生的个体差异性，导致财务应用服务不能很好地满足师生的需求。

（五）安全保护缺失

大数据是一把"双刃剑"，在给人们提供便捷的同时，数据的安全性与隐私问题应引起高度重视。在高校财务信息中，很多学生和教师的私人信息是必须保密的。但是在实际生活中，很多高校将这部分信息和其他基础信息一起存放在了校园服务器上，没有设置单独的安全防护措施，导致这部分信息存在安全隐患。

与此同时，随着互联网与人工智能的飞速发展，大数据的思维与方式正在悄无声息地影响着人们的日常工作与学习。在日益丰富的社会环境下，为了避免出现安全失控、法律失灵、伦理失常等问题，这就需要高校或是整个社会构建一套更为完善和包容的监管体制，以此强化法律和规章方面的保障，全面提升高校财务数据的安全性和可靠性。

四、大数据时代高校财务治理新动能的策略选择

随着互联网科学技术的不断发展，我国对信息化建设的需求越来越强烈，因此，国家提出要实现"治理智能化"。在财务治理中，以大数据为基础进行智慧管理，是培育发展新动能的必要途径。

（一）以战略眼光谋全局，培育内生发展力

在大数据环境下，高校财务治理要注重从战略高度上谋划，运用新的大数据技术为学校财务治理提供新的思路。

一要树立新的目标理念。进入新时代，要贯彻把握并实行大数据的精神实质，始终坚持精细治理，并以绩效为导向，以开放包容和合作共享的理念，来构建数据导向、数据治理和数据决策的高校财务工作体制模式，使以往以业务驱动的学校治理决策，向数据预测经营决策转变。高校要重视信息化建设，秉持平衡发展的思想来对学校进行统一规划，整体推进学校治理的实现，为高校师生提供智能感知、预测预警和精准服务，使学校师生建立"数据消费"理念，推动学校治理功能的顺利实现。

二要为新的平台提供支持。运用大数据、互联网、人工智能等新技术手段，将高校财务治理的机制进行有效整合，充分发挥移动应用的共享、开放功能，不受时间和空间的限制，随时满足财务工作人员对数据的调用需求，使财务治理实时化成为可能。

三要创新开发方式。集中高校的力量和智慧，进行合作，使其共同参与到财务治理信息化建设中，使"众创、众筹、共享、共治"等新理念在教师和学生的心中扎根，促进财务治理模式向集约化、高效、共享转型，为大数据背景下的高质量财务治理发展提供新动力。

（二）以系统思维聚合力，追求价值最大化

从整体角度来看，高校的内部治理是一项系统化工程，涉及管理和信息化等多个方面。随着数字化技术的不断发展，高校财务部门也要与时俱进，实现与数字化技术的融合，以及财务治理的现代化。所谓的数字化技术包括大数据技术、移动互联技术、云计算技术、人工智能技术等。在对高校财务进行智能建构的同时，要满足多个不同部门、小区和群体的多项要求，秉持系统化的思维理念，实现高校财务与其他各部门间的数据信息共享，实现服务联动效应，为智慧校园的建立提供数据服务和数据保障。高校建立大数据中心，在财务治理的过程中，应基于海量的数据开展财务统计与挖掘工作，提取有效的数据信息，以解决财务中的热点和难点问题。此外，要加强数据赋能，充分发挥大数据技术的各项潜能，将其应用于财务治理的各个环节，以实现数据在财务治理中的价值最大化，进而提升高校的决策与治理能力。

（三）以开放创新增活力，凸显服务时代性

高校财务治理要充分调动各方的积极性，建立健全程序合理、环节完备、公开透明的学校财务管理体制；以提高教师和学生的福利水平和促进社会的广泛参与为最终目的，在整个治理过程中贯彻创新驱动和绩效优先的理念。因此，要加强数据公开的理念，构建"数据决策、数据赋能、数据管理、数据创新"的运行机理，以数据为基础进行决策、实施和反馈。通过对教师和学生的多维、多层面的需求进行分析，发挥大数据的准确性、高效性和综合性分析能力，为多元化的财务业务提供技术支持。要以高校师生对财务服务的需求为导向，对高校财务流程进行改革，全面提高经费保障，对财务服务进行优化升级，实现对财务资源的优化配置。创新更有效的数据应用、智慧应用模式，将财务报销服务、不见面审批服务等应用于学生和教师的服务中，使他们能够按照自己的需求，便捷地获得相应的财务服务，充分共享数据优势。以大数据为手段，充分体现高校财务治理的时代化特征，体现科技化的时代内涵。

（四）以人才保障强根本，促进转型现代化

进入大数据时代，高校财务的治理工作应当各部门不断延伸，包括教学、科研、人力资源部门等，改变以往局限于某一部门的情况，以此收集分析多部门与财务相关的信息数据，并将其作为财务决策的依据，提高决策的科学化。相应

地，学校财务部门工作人员的工作也不能再局限于本部分范围内，而是要从学校的全局出发，收集分析多部门的信息数据，为实现学校的高质量可持续发展打下基础。但是由于目前高校财务部门的人员质量不佳，专业素质不高，因此需要对工作人员进行专业方面的升级培训，改变原有的培训理念，提高员工的大数据思考能力，以及对大数据的运用和分析能力，满足高校发展对复合型人才的需求。

综上所述，数字化时代，大数据的快速发展与广泛应用，引发了高校财务在治理理念、方法与行为等方面的变革，其内在动因与外在推动力相互影响，交互作用，促使传统的高校财务治理在大数据支持下呈现出新的特点，实现了高校财务治理的新发展。从长远看，高校财务治理应抓住数字时代的大数据新动力，积极推进高校内部管理制度的现代化发展。

参考文献

[1] 石彬.高校财务内部控制的问题与对策研究[M].延吉:延边大学出版社,2022.

[2] 栾泽沛,刘芳菲,于瑞杰.高校财务管理与会计理论应用[M].北京:中国商务出版社,2022.

[3] 顾艳,莫翔雁.高校财务管理[M].延吉:延边大学出版社,2022.

[4] 刘盈池.高校财务内部控制与绩效管理研究[M].北京:新华出版社,2022.

[5] 杨汉荣.高校财务管理改革与创新研究[M].北京:北京工业大学出版社,2021.

[6] 赵富平.新时期高校财务治理研究[M].长春:吉林科学技术出版社,2021.

[7] 吕素昌,孙永杰,徐娜娜.高校财务管理绩效评价研究[M].北京:北京工业大学出版社,2020.

[8] 索金龙,申昉.高校财务管理技术创新研究[M].北京:北京工业大学出版社,2020.

[9] 宋大龙.新形势下高校财务管理与审计监督[M].长春:吉林人民出版社,2021.

[10] 宋振水."互联网+"视域下的高校财务管理创新研究[M].西安:陕西科学技术出版社,2022.

[11] 杨丹华.新形势下高校财务管理与发展研究[M].太原:山西经济出版社,2021.

[12] 乔春华.高校财务治理研究[M].南京:南京东南大学出版社,2021.

[13] 洪涛,戴永秀,王希.高校财务内部控制建设与风险防控体系研究

[M].北京：中国财富出版社，2019.

[14] 陈健美.加强监督，提高效益：我国高校财务管理的改革与创新研究[M].沈阳：沈阳出版社，2018.

[15] 陈明.我国高校财务管理问题研究[M].成都：西南交通大学出版社，2012.

[16] 方芸.高校财务风险预警与防范策略研究基于内部控制视角[M].北京：知识产权出版社，2017.

[17] 高新亮.新时期高校财务管理创新探索与发展[M].北京：中国水利水电出版社，2018.

[18] 洪涛，戴永秀，王希.高校财务内部控制建设与风险防控体系研究[M].北京：中国财富出版社，2019.

[19] 胡服.中国高校财务管理探索[M].昆明：云南人民出版社，2014.

[20] 蒋尧明.现代会计理论研究[M].北京：中国财政经济出版社，2010.

[21] 金贵娥.民办高校财务管理研究[M].武汉：华中科技大学出版社，2017.

[22] 金云美.高校财务管理与控制[M].北京：中国经济出版社，2012.

[23] 李长山.现阶段我国高校财务管理的若干问题研究[M].北京：北京理工大学出版社，2017.

[24] 刘芬芳，梁婷.新时代高校财务管理问题研究[M].太原：陕西经济出版社，2019.

[25] 刘罡.高校财务内部控制实务[M].北京：中国农业大学出版社，2018.

[26] 孙杰.高校财务管理创新理念与关键问题探索[M].长春：吉林大学出版社，2018.

[27] 尉桂华.新形势下高校财务管理若干问题研究[M].成都：西南交通大学出版社，2015.

[28] 徐峰.现代高校财务管理的实施与监督[M].长春：东北师范大学出版社，2018.

[29] 徐明稚，等.高校财务风险及预警防范机制研究[M].上海：东华大学出版社，2015.

[30] 张曾莲.高校财务管理创新研究[M].北京：经济管理出版社，2016.

[31] 陈爱萍，沈新华，谢鹏.对学校财务管理系统优化设计的探讨[J].会计之友，2014（12）：10-11.

[32] 顾园，唐超，吴君民.高校会计核算问题及对策研究[J].会计之友，2015（15）：121-122.

[33] 李慧琼.促进学校财务管理与"互联网＋"密切融合的途径[J].中国经贸导刊，2017（8）：65-66.

[34] 梁乔.论民办高校会计制度的建设[J].商业会计，2017（16）：118-119.

[35] 鲁忆，程丽.论高校会计制度改革[J].会计之友，2013（2）：12-13.

[36] 闫大波，任淑红，姜明文.高等学校财务管理内部控制制度的建立[J].高等农业教育，2013（3）：88-90.

[37] 杨蓉.高等学校院系财务管理研究：基于信息化视角[J].教育财会研究，2015，26（6）：3-9.

[38] 欧阳玲.高等学校财务管理信息化的现实思考[J].教育财会研究，2011，22（3）：15-17.

[39] 邢睿.新时期高校财务管理面临的挑战与理念创新[J].中外交流，2022（1）：84-86.

[40] 董策.关于高校财务管理内部控制的探讨[J].现代营销旬刊，2019（3）：7.

[41] 林萍萍.数字化赋能高校财务共享平台建设研究——以F高校为例[J].教育财会研究，2021，32（2）：6.

[42] 赵瑞.高校财务信息化建设研究[J].企业科技与发展，2019（1）：2.

[43] 陈凌琦.信息化环境下高校财务管理人才培养模式改革[J].2022（17）：2.

[44] 赵文龙.高校财务信息化建设路径研究[J].现代教育论坛，2021，4（3）：13-14.

[45] 廖云婷.我国高校财务治理能力现代化研究[J].教育财会研究，2022，33（3）：14-17.

[46] 周丽荣.高校财务资金运营效果评价研究构建[J].管理学家，2022

（14）：59-61.

[47] 周章琦，章刘成.大数据时代区块链技术在高校财务共享服务平台的应用[J].中国农业会计，2020（2）：6.

[48] 胡服，徐冉，胡艺.再谈我国高校会计基础工作[J].教育财会研究，2021，32（1）：21-25，30.

[49] 武娟.基于高校财务管理绩效评价体系建设研究[J].佳木斯大学学报（自然科学版），2023，41（2）：166-168.

[50] 谭思磊，蒲天银.高校财务管理数据潜在信息分析工作探讨[J].企业科技与发展，2019（5）：2.

[51] 蒋美娇.大数据背景下民办高校财务管理模式创新研究[J].会计师，2022（15）：3.

[52] 何小红，王悦.大数据背景下的高校财务管理变革[J].预算管理与会计，2022（11）：4.

[53] 王兆琳.大数据背景下高校财务档案信息化管理的问题与对策研究[J].老字号品牌营销，2022（4）：90-92.

[54] 彭满如，李慧.数字化赋能视角下高校财务治理优化路径研究[J].财务与金融，2022（3）：7.

[55] 许贤芝.大数据背景下高校财务管理信息化建设探究[J].会计师，2022（19）：3.

[56] 赵建新.新时代高校会计队伍和能力建设的研究[J].教育财会研究，2019，30（6）：3-6.

[57] 耿晓霞，刘丕平，安爽，等.高等学校财务管理改革创新研究[J].教育财会研究，2021，32（2）：24-27.

[58] 张语涵.会计与财务管理的区别与联系分析[J].中国商论，2021（4）：22-25.

[59] 王敬.探讨高校会计专业实践教学改革与创新策略[J].福建茶叶，2020，42（3）：15.

[60] 李煜均.高校会计人才队伍建设机制研究[J].教育财会研究，2019，30（4）：92-94.